我要找回
活力满满的自己

超忙超累妈妈的精力管理课

果小源　著

北京理工大学出版社
BEIJING INSTITUTE OF TECHNOLOGY PRESS

图书在版编目（CIP）数据

我要找回活力满满的自己：超忙超累妈妈的精力管理课／果小源著. —北京：北京理工大学出版社，2023.1

ISBN 978 - 7 - 5763 - 1715 - 2

Ⅰ.①我… Ⅱ.①果… Ⅲ.①家庭教育–教育心理学 Ⅳ.①G780

中国版本图书馆CIP数据核字（2022）第172883号

出版发行／北京理工大学出版社有限责任公司
社　　　址／北京市海淀区中关村南大街5号
邮　　　编／100081
电　　　话／（010）68914775（总编室）
　　　　　　（010）82562903（教材售后服务热线）
　　　　　　（010）68944723（其他图书服务热线）
网　　　址／http://www.bitpress.com.cn
经　　　销／全国各地新华书店
印　　　刷／三河市华骏印务包装有限公司
开　　　本／880毫米×1230毫米　1／32
印　　　张／7.625　　　　　　　　　　　　　　责任编辑／李慧智
字　　　数／155千字　　　　　　　　　　　　　文案编辑／李慧智
版　　　次／2023年1月第1版　2023年1月第1次印刷　　责任校对／刘亚男
定　　　价／52.00元　　　　　　　　　　　　　责任印制／施胜娟

本书赞誉

要照顾孩子、照顾家庭，还不希望牺牲自己的事业，当妈妈的人最需要精力管理，做过妈妈的人最懂妈妈的难处，希望源源老师的新书能成为妈妈们的充电宝。

秋叶大叔　秋叶品牌创始人

源源是一位非常优秀的精力管理教练，也是我的明星学生。我们每个女人都先是自己，再是其他角色。作为女性创业者，我最常被问到的一个问题就是如何平衡好事业和家庭，其中精力管理是每一位女性的必修课。源源的这本书非常落地，推荐给每一位爱自己的女性朋友们。

Angie 张丹茹　《个人新商业》《副业赚钱》多本畅销书作者

生完娃之后，时间不够用，精力跟不上，几乎是每位妈妈都会遇到的问题。源源老师这本书特别细致地解答了妈妈们如何在养育孩子的重任下，学会管理自己的精力。这不仅是重回状态而已，更是一次让妈妈们变得更强大的蜕变。建议每一位因时间、精力不足而备受困扰的妈妈都来读一读这本书。

苏晓航　畅销书《不用督促的学习》作者、正面管教导师

这本《我要找回活力满满的自己：超忙超累妈妈的精力管理课》是每个新手妈妈都应该阅读并放在床头的书。源源老师结合

自己做妈妈的痛点，提炼教训，总结经验，并帮助许多妈妈做好了精力管理，从超忙超累的生活状态步入幸福正常的轨道。假如你也是一个又忙又累的妈妈，这本书正是你的"及时雨"！

穆莉萍　畅销书作家、儿童性教育专家

源源老师是我见过的为数不多的兼顾了工作、育儿、婚姻、自我成长的一位"超人妈妈"，这都得益于她将"精力管理"的理论变成了一种落地的生活方式。这本书就是源源老师作为一名妈妈的精力管理实战手册，借以支持天下的妈妈们，在"家庭""事业""生活"的各个角色间从容切换，活出丰盛富足的人生！

如如　资深教育投资人、果识教育集团董事长

打开书的那一刻，真的有被惊喜到！活泼轻快的语言加上惟妙惟肖的配图，让整本书读起来都很轻松。每一章的开始还增加了小测试，妈妈们可以根据自身情况"对症下药"，精力管理真的可以做到 EASY ME！强烈推荐给各位妈妈们！

贝琳　训练营学员、本书内测读者

管理好精力是平衡工作和家庭的重要能力，尤其是希望活出自我价值的创业妈妈，更需要在身体、情绪、精神状态、环境、人生目标等多个方面对精力进行管理。作者结合自己的成功经验，在精力管理的多个方面给出了可以直接借鉴的理念、方法和工具，可以快速上手、立刻见效。

易仁永澄　个人成长教练创始人

序

作为一位母亲，在当今社会实在是一件不容易的事情。我们接受过良好的教育，秉持着男女平等的观点，在职场事业上与男性几乎同工同酬。可当我们步入婚姻，有了孩子，似乎一切都变了。养育孩子、照顾家庭的责任几乎是天然地、不带任何商量地落到了我们的身上，偏偏家务和养育的价值和标准极为模糊，我们很难计算哺乳、做饭、晾晒衣服究竟为家里贡献了多少价值。

家庭琐事、照顾孩子会一点点蚕食掉一个人的精力和斗志，尤其是当自己为家庭贡献的价值没办法清晰计算和得到肯定的时候，当物质经济的安全感只能来自伴侣的时候，只会更加迷茫疲惫。这是属于全职妈妈的困境。

职场妈妈的处境也没有好到哪里去。就在自己请假哺乳、带孩子看病的过程中，我们的事业与一心放在工作上的男性同事逐渐拉开了距离。工作时惦记着孩子，照顾孩子的时候懊恼工作没有尽心尽力，这种拉扯感让很多人心力交瘁。

创业妈妈的处境则更加复杂，最难解决的就是对自我价值的追求与家人期待之间的冲突。创业路上的女性，尤其是成为母亲的女性，经常被问到的就是家庭事业如何平衡，在这个不断被审视的过程中需要强大的体力、脑力、心力来支撑。大部分时候，创业女性可以神情自若地坚持自己的选择，偶尔夜深人静也会问自己，这么拼到底图什么？

相比而言，男性却很少面临这样的处境，似乎只要在事业上取得足够的成功，就可以赢得足够的掌声。这到底是男女平权的必经之路，还是当代女性面临的全新困境呢？

作为一个女性，生育之前我对于女性困境的感知并不深刻，仅限于惋惜某个优秀的师姐生育之后变得籍籍无名；生育之后，我才切身体会到了这份社会和自我要求带来的压力。当今社会将婚育女性推到一种两难境地——一方面社会评价的标尺是事业上的成功和经济财富的收入，另一方面又要求女性承担更多的家庭责任。这就让很多妈妈不得不像踩钢丝一样，寻求家庭、事业、生活的平衡。好在我接触到了精力管理，并且在亲身实践和帮助其他妈妈的过程中，更加确定精力管理是支持妈妈们破除困境的钥匙。我发现，市面上关于精力管理的书和课程，几乎都是为精英服务的，而妈妈们面临的场景远比职场复杂得多，最终效果也难以用升职加薪这样清晰的指标去衡量。

于是我决心把这些自己亲身实践和帮助过妈妈们的内容总结出来，变成一本妈妈们一看就懂、拿来就能用的实用工具书，希望能够帮助更多妈妈，无论是职场妈妈、全职妈妈还是创业妈妈，都走出一条属于自己的英雄之路。

目 录

第三章　学会吃和动，重获对身体的掌控权！ / 57

第一章

当了妈，你的精力还好吗？

妈妈们只要谈到精力管理，往往是从一声长长的叹气开始的。

"唉——我最近睡眠质量特别差，但是我总想要刷手机，好像只有娃睡下刷手机的那个时间才是真正属于我的。"

"唉——别提了，这个月已经是我和娃第三次去医院了。我们俩轮流生病，这样熬下去，真的什么都干不成。"

"唉——我一边要做工作，干不完的活，一边还要自己带娃，忙不完的事。这样两头忙着，真的好累。"

"唉——每天我从早忙到晚，但真要问我忙了什么，我也不知道……"

这是很多妈妈的困惑，总觉得哪里不对劲，但又不知道这样的状态要从哪里下手去解决。

疲惫、焦虑、茫然……

不是说成为母亲是一件特别让人骄傲和幸福的事情吗？

为什么到了自己身上却感觉如此茫然疲惫呢？

第一节
当妈疲惫又茫然，你需要的是精力管理

怀孕的时候，我至多有点疲惫打不起精神来干活，但摸着鼓起的肚子总是充满了向往，对成为母亲有 1 000 种美好的畅想。已经生育的师姐看着充满向往的我，意味深长地说，卸了货你就知道了，恨不得把他塞回肚子里。我当时非常不理解，宝宝小小的软软的，这么可爱，为什么还会想要塞回去呢？

卸货之后，我终于懂了……

现实给了我 10 001 下的暴击。

这个宝宝确实如我所想，小小软软非常可爱。但他的头上还长着一对恶魔犄角，随时随地会发出信号，会哭、会尿、会饿，还要拍拍抱抱。偏偏这一切都变成了我的责任。

天哪！我自己产后身体状态都还没恢复，居然要被迫营业照顾别人。

最让人失落的是，所有人的关注点都在孩子身上。大家凑过来看着这个小宝宝说，他多可爱啊！

没人问我累不累。

大家怀着好意，给我转发各种育儿文章，传授自己亲历或

3

道听途说的育儿经验，"指导"我应该这样做，不能那样做。突然间，我从一个自在潇洒的少女变成了束手束脚、被所有人评价的母亲。

被无数次喂奶夜醒击打成碎片的睡眠，哄娃抱娃累得腰酸背痛的疲惫感，以及随随便便就能被小事点燃的暴脾气，绝对会让一个人变傻，一孕傻三年只是保守估计。

当我看了 N 本育儿书，研读了若干公众号文章，甚至翻阅了学术文献，终于把孩子的作息调整到可以接受的状态，满心欢喜觉得可以睡个好觉，开启从容育儿的模式了，却没想到这只是"育儿无限游戏"的热身。生活把我推倒在地还嫌不过瘾，又把我按在地上一顿摩擦。娃从六个月起，开始小病连着大病，一场接着一场。原本想着卸货之后在工作上大展宏图，现在连想都不敢想，完全顾不上。

我似乎变成了一只永不停歇的陀螺，总有事情挥舞着小皮鞭在后面追着我，转着转着，我的电量就耗尽了，随时随地都有倒下的可能。

我去妈妈群吐槽自己的感受，发现大家同样都在"渡劫"。

> 总是疲乏提不起劲儿，
> 容易被一点小事点燃，
> 每天事情忙得一团糟，
> 感觉自己怎么这么没用……

难道成为妈妈，就是活生生把自己从一朵花搓成豆腐渣?

那个时候，我根本不知道哪里出了问题，只是觉得疲惫、劳累、自我怀疑、摇摇欲坠，完全没有意识到自己的精力管理出了问题。

这种茫然无措的状态持续了很长一段时间。

那段时间，几乎每天睁开眼睛，我都会问自己，我是谁，我在哪儿，我要做什么……灵魂三连击下来，一个问题都答不上来，搞得自己情绪更加低落，甚至一度感觉自己患上了产后抑郁症。

我变得极度敏感脆弱，哪怕婆婆一个简单的问话："你看看，孩子是不是没吃饱?"我的内心都会上演一部大剧："哼，她一定是嫌我奶水不够，觉得我不会带娃。她就是想显得比我厉害，还想让我老公看到我不贤惠不勤劳的样子……"内心戏过多的后果就是极度内耗，于是奶水真的如我所愿越来越少。愤懑、怨怼和无力感充满了我的内心，于是发泄的出口就变成了熬夜刷剧刷小说，似乎只有这样，我才是真正属于自己的。

长时间情绪积压、作息混乱，加上孩子刚刚出生夜奶无数，我的身体被自己拖垮了。身体越虚弱，自己的精神状态也越低迷。

这是一个恶性循环。

我的生命好像被活生生地砍出了一条缝，支离破碎，让我痛不欲生。

直到有一天，我向我的妈妈哭诉了这一切。我说感觉自己不是一个好妈妈，感觉自己现在糟糕透顶，感觉整个人都不好了。她告诉我，先照顾好自己，你的状态好起来，孩子才会健康快乐。你的状态不好，全家都不会好的。

原来我把顺序搞反了！

生娃之后，我为了成为一个合格的妈妈，把所有的注意力都放在了孩子身上，完全没有照顾好自己。结果自己状态越来越差，孩子反而更照顾不好了。

一瞬间，压在我心头的千斤重担放了下来。我是妈妈，我更是我自己，我要对自己负责，才能对孩子负责！我开始有意识地调整自己的关注点，开始学习、锻炼、见更多活得精彩的优秀女性。我重新找回了自己的生命节奏，把掌控感重新拿回到自己手中。

再回顾这段经历，我发现将我的生命从逆流转换成顺流状态的按钮，是精力管理。学会高效休息快速回血、通过饮食运动提升身体状态、跟情绪和谐相处、提升效能开启扩容，我正是通过这些调整，提升了自己的状态。更重要的是，我知道当自己能量饱满的时候，要把精力用在何处才能更好地绽放生命。

成为妈妈，并没有削弱我的生命力，而是打破了我曾经的限制，让我开始体验活出更加完整鲜活自我的感觉。我把这些方法总结出来，又帮助更多妈妈摆脱了曾经的困境。我也经由这个过程，淬炼成更加坚强、从容、饱满、舒展的自己。

莱昂纳德·科恩的《颂歌》里有这样一句话：万物皆有裂痕，那是光进来的地方。

如果你也处在这样的阶段，从现在开始，让我们踏上改变的英雄之旅。

第二节
测一测，你的精力管理能力在哪个水平？

我们经常会在生活中提到"精力不足""精力满满"等，好像精力是一种状态。也有些时候，我们会说，这件事情太浪费精力了，或者这些精力真是没有白费，好像精力也是一种资源。

如果把"精力"两个字拆分来看，你会发现"精力"是由"精神"和"体力"组成的。当我们的精神状态和体力状态足够好的时候，我们就会有一种能量满满的感觉。精神主要受到情绪和思维方式的影响，体力则是作息、饮食和运动共同作用的结果。这是状态层面的。

从资源层面看，我们管理精力，就是要懂得如何扩容精力、如何把精力用在刀刃上。这涉及效率管理和精力分配的问题。

如果你既能做到精力充沛，又能合理使用精力，那么你的精力管理水平就足够你应对生活的种种挑战。为了更加准确地衡量你的精力管理水平，我们可以先来做一个测试。下面 20 道题目，根据你的真实情况进行打分。"不符合"为 0 分，"比较符合"为 1 分，"符合"为 2 分，"非常符合"为 3 分。将所有分数加到一起就是最终得分。

1. 我每天早上起来总是感觉特别累。

2. 我入睡很慢，起床的时候觉得没有睡够。

3. 我白天总是提不起精神。

4. 我很想好好睡，可是娃的作息不规律把我搞得特别疲惫。

5. 我一运动就喘粗气，特别累。

6. 我平时几乎不运动。

7. 想要运动的时候，总有事情打扰我。

8. 我觉得坚持运动才有效果，不然就白练了。

9. 我的体重偏轻或者是偏重。

10. 我喜欢吃一些不太健康的零食。

11. 我很少喝水或者是主动喝水。

12. 我很容易生气或者是出现情绪波动。

13. 我的伴侣总是特别不给力还惹我生气。

14. 每次出现情绪波动之后，我就会特别自责。

15. 我的一天总是稀里糊涂就过去了。

16. 我想要找到一个东西总是需要很长时间。

17. 我很难利用好自己的碎片时间。

18. 我没有制订计划的习惯，即使制订了也很难执行下去。

19. 我不知道自己的价值到底在哪里。

20. 我做事情总是半途而废。

得分在 30～60 分的妈妈，属于兵荒马乱型。你的整个人已经到了神经紧绷快要断掉的程度，精力管理迫在眉睫。

得分在 10～30 分的妈妈，属于外强中干型。或许你在外面能独当一面，甚至有可能是很多人的榜样，但只有你自己清楚，自己有多累。长期的消耗会打垮你，是把精力管理提上日程的时候了。

得分在 0 ～ 10 分的妈妈，属于活力满满型。你可以应对大部分场合，也知道自己精力的优势和短板，并且能够积极为自己负责。我们可以对照清单，看看自己还有没有可以提升的地方。

第三节
EASYME 能量火箭帮你提升精力值

在我看来，一个精力满满的人生具备这样几个要素：

★ 足够好的体能状态

★ 积极正向的思维方式

★ 高效有序的日程规划

★ 全情投入的人生状态

在总结了上百例妈妈精力管理的 1 对 1 个案后，我提出了"我轻松"（EASYME）妈妈能量火箭。

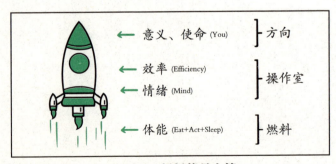

EASYME 妈妈能量火箭

火箭最下面是体能区，也就是我们的能量燃料，这部分由饮食（Eat）、运动（Act）和作息（Sleep）组成。体能状态是我们做一切事情的基础。

火箭的中间部分是效能区，也就是我们日常主要工作的区域，包括情绪（Mind）和效率（Efficiency）。这一部分能够让我们在同样的 365 天、24 小时之内，不内耗、高效率地获得成果。

火箭的最上面是意义区，也就是我们的行进方向，我们要知道自己能量充足饱满的时候到底要去往哪个方向。甚至有时候，当体能和效能没有那么充足的时候，但是令人兴奋的人生意义也足够让我们保持一种良好的生活状态。这需要我们不断探索自己，所以我用了 You 来表示，这是一种属于你（You）的英雄之旅。

妈妈能量火箭这个概念，在我们多期妈妈精力营中得到了验证。很多妈妈学过之后才了解到，原来我们不仅需要补充能量，更需要知道把精力用在哪里。

全职妈妈心心学了体能燃料三个部分的内容之后，放弃了节食和高强度运动的减肥方案，把饮食、运动、作息结合起来，毫不痛苦地在 30 天瘦了 3 公斤，就连考证的学习效率都提高了。

二胎妈妈小 H 从之前总是觉得老公不顺眼、孩子不听话，到现在可以及时察觉和调整自己的情绪，家庭的氛围变得越来越和谐了。

创业妈妈小 L 通过澄清自己精力分配的方向，重新梳理当下和未来的核心事件，团队的业绩直线上升。

　　这样的例子还有很多。我把自己做到的、知道别人实现的心法和做法总结出来，希望能带给你一些启发。

　　这不是一本"教你如何做"的说教书，我更希望你把它看作一本轻松有趣的游戏通关手册。我会首先向你介绍作息、饮食、运动的模块，补充你的体能燃料；然后用情绪模块为你提供精神食粮；接着通过效率模块实现精力扩容，让你开启外挂模式；最后探讨精力分配的内容，让你的选择更加喜悦坚定，打赢游戏大 boss，过上高效有意义的人生。

　　这场英雄之旅，你准备好了吗？

第二章

学会高效休息，
带娃也能快速回血

如果说生娃养娃是一个大型养成类游戏，那么最有可能让我们"挂掉"的就是"血量"不足。尽管现实生活不会像游戏一样，直接显示我们的血量和战斗力。但几乎每个妈妈都会有明显的感觉——生娃之后，血量急速下滑，战斗力大打折扣。

这是每个妈妈都会面临的场景：刚出生的宝宝晚上睡觉几乎一两个小时哭一次，不是要喂奶就是要换尿布，想要一觉到天明只是奢望；好不容易等孩子大一点，万一孩子有个头疼脑热，难受得哼哼唧唧，你也休想酣睡一整晚。

短时间睡眠不足，会让人注意力和记忆力下降，情绪也更容易烦躁和易怒；长时间休息不足，会让血管处于收缩状态，诱发脑梗死、心肌梗死等心脑血管疾病，严重的可以导致猝死。但对于妈妈而言，休息不足几乎是家常便饭，我们从 0 点"工作"到 0 点，一周 7 天，活成了货真价实的"007 战士"。

没有谁会比妈妈更需要休息、更渴望休息却也最难休息。

我们不是不知道自己需要休息，可如何才能高效休息，什么方式、什么时机，如何适应照顾孩子和照顾自己的新节奏，很多妈妈毫无头绪。

你知道如何高效休息吗？让我们先来做个测试。

测试：你真的会休息吗?

1. 我常常躺在床上翻来覆去都睡不着。

2. 我最近一个星期平均每天睡眠时间不足 6 小时。

3. 我常常会在半夜醒来，然后睁眼到天明。

4. 我起床之后会觉得整个人特别累。

5. 我简直就是起床困难户。

6. 我根本找不到白天稍微休息一会儿的时间。

7. 白天我完全不敢睡，越睡越觉得累。

8. 无论多困，我都只能熬到孩子睡着才能睡。

9. 没人帮我带娃的时候，我完全没办法好好休息。

10. 我的休息时间完全取决于孩子的作息。

上面的描述，如果你中了三条以上，是该好好学习一下怎样高效休息了。

对于妈妈而言，想要拥有充足的高质量睡眠并不容易。我们不仅要搞定自己，还要搞定孩子的作息。想想看，当你累得睁不开眼的时候，孩子用稚嫩的声音对你说："妈妈，我还想再读一本书!""妈妈，妈妈，快来一起玩呀!"当你躺在床上下一秒就要去见周公的时候，突然感觉身边有什么东西一个鲤鱼

打挺起身玩起了蹦床游戏。周公立刻化为泡影，只剩下一个活蹦乱跳迟迟不肯入睡的孩子，真真切切在你的身边。

诸如此类的场景，妈妈们简直可以掬一把辛酸泪，说上整整一箩筐。先别忙着叹气，其实换个角度想，正因为我们有孩子，尝过种种辛酸事，反而会比其他人在调整作息上更有动力和执行力。

下面，让我们了解一下睡眠的原理，先提升夜间睡眠质量，再找到白天小休时间，然后搞定娃的作息，就能获得真正高效的休息了。

第一节
如何让夜间睡眠为我们高效充电？

如果把我们的身体比作一块电池，那么夜间的休息就是保养电池的慢充时间。根据科学研究，夜间睡眠尤其是深度睡眠，能够更加有效地消除疲劳、修复神经，起到免疫抗病的作用。《人体使用手册》认为，睡觉对人体有非常重要的作用，就是补充"气血"。

到底什么样的夜间睡眠才算是高质量的呢？

我在这里提供了 3 个评价标准：数量、质量和效能。最理想的状态就是睡得快、睡得香、自然醒。"睡得快"对应的是数量，相比于很多失眠专业户而言，睡得快意味着睡觉的时间会更长。"睡得香"对应的是质量，不会半夜起来，睁眼到天明，更不会突然惊醒辗转难眠。"自然醒"则是我们的身体用这样的方式告诉我们，亲爱的主人，我真的充好电咯！

（一）到底睡够多久才能神采奕奕起床？

在聊到睡眠时长的时候，我不止一次听到有妈妈这样问我，有没有那种每天只睡五六个小时，又能够让自己精力满满的方

法呢？

先说答案：短期可以，长期没有。

懂得高效休息的人，即使偶尔只睡三四个小时，第二天依然可以神采奕奕。但如果长期只睡三四个小时，相当于一支蜡烛两头烧，身体很容易垮掉，说不定要花更长的时间休息，甚至长眠不起。

或许你曾经听说某个名人睡眠时间特别短。但这并不意味着他的成就来源于较短的睡眠，两者并不是因果关系。相反，正因为睡眠少而成就多的人稀少，他们才更会得到关注和报道。世界上既有像撒切尔夫人一样每晚只睡 4～6 小时的人，也有像 Facebook 首席运营官谢丽·桑德伯格一样，每晚要睡 7.5 小时的人。她们同样在自己的领域获得了成功。

每个人适合的睡眠时长各不相同，但有没有一个可以参考的睡眠时长呢？

或许你可以参考《睡眠革命》中的说法。平均每天睡 4～5 个睡眠周期，每个周期是 90 分钟，也就是 6 小时或者是 7.5 小时。这本书的作者经过大量的临床研究，统计出一个人经历各个睡眠阶段的时间是 90 分钟，我们会从打瞌睡依次进入浅睡、深睡和做梦阶段，然后从一个睡眠周期过渡到另一个睡眠周期。因此，他提出了"R 90 睡眠方案"，按照完整的睡眠周期休息。

使用 R 90 睡眠方案有几个注意事项：

1. 先固定起床时间，再逆推入睡时间。比如说我们要先确定 7 点为起床时间，再倒推睡觉的时间就行了。

2. 不要连续三天睡不够理想的睡眠周期，也就是说，如果你前两天都只睡了 4 个以下睡眠周期，那么当天一定要保证可以睡足时间。

3. 如果一个晚上没有睡好，不要有太大的心理负担，只要一周之内有 4 天睡眠周期是足够的，整个人的状态都是可以的。

方方妈妈需要早上 7 点起床，才能按时完成洗漱做饭、送孩子上学这些事务，那么我们可以逆推一下适合她的入睡时间。如果是 5 个睡眠周期的话，她在晚上 11 点半之前睡着就可以了。如果当天事情比较多，不小心熬过点，那么凌晨 1 点睡觉，同样可以保证 4 个周期的睡眠时间。

如果她星期一和星期二都只睡了 4.5 小时，星期三的晚上最好睡 6 ～ 7.5 小时，才不会让身体过于疲惫。如果她星期四没有睡好，也不用太担心，趁着周五和周末的时间早点睡觉补补觉，整个人的睡眠时长和质量都是可以保证的。

从我和我辅导的妈妈的体验来说，R 90 睡眠方案确实能够让我们获得稳定且饱满的精神状态，而且固定的起床时间也会让新的一天变得更加规律和可控，整个人自然神采奕奕。

如果你早上起来还是会忍不住赖床，可以给自己设定一句起床咒语。比如说我给自己设定的咒语是"为自己负责"，每次默念这句话，我就会知道，赖床浪费的是自己的时间，我要为自己负责。一旦身体形成生物钟，不需要念咒语也可以轻松起床了。

R 90 睡眠方案一周改进表

时间	起床时间	前晚入睡时间	睡眠周期	改进措施
星期一	7:00	23:00	5.3	可以晚一点入睡
星期二	7:00	1:00	4	中午小睡 20 分钟
星期三	7:00	23:30	5	刚刚好
星期四	7:00	1:00	4	中午小睡 20 分钟
星期五	7:00	1:00	4	第二天增加 1 个周期
星期六	7:00	22:00	6	第二天睡 5 个周期
星期七	7:00	23:30	5	可以晚一点入睡

　　另外我还想给你一个提醒，如果你想借助 R 90 方案来调整自己的作息，形成早起的习惯，我建议你至少每两周或者每个月往前调整 10 ~ 15 分钟，也就是说如果你之前是 7 点起床，打算调整到 6 点起床，前两周可以先调整到 6:50 起床，等到第三周再调整到 6:40，甚至可以每个月往前调整 10 分钟，循序渐进，这样才能给身体充分的适应时间。曾经有妈妈一口气把自己的起床时间从 7 点提前到 5 点，第一个月跟我说感觉特别好，然后第二个月就开始重感冒、鼻炎、皮疹，整个免疫系统都造反了，简直是得不偿失。

　　最开始我实践 R 90 睡眠方案的时候，会有这样的困惑：按照中医时辰养生规律，如果 7 点起床，倒推 5 个睡眠周期就是 11 点半睡觉，肝胆岂不是得不到休息了吗？可如果我 10 点入睡，睡 6 个睡眠周期，似乎又有点太多了。中医讲究顺应四时，建议春夏晚睡早起，秋季早睡早起，冬季早睡晚起。R 90 睡眠方案则是更多地基于临床研究，首先经过了专业运动员的验证再推广到大众。想要两者兼顾，但又总感觉有些彼此矛盾。

后来我想明白了一个道理，这是两种不同的睡眠主张，而决定权在自己手上。你可以分别尝试一下这两种方案，感受一下你的反应，看看哪种更适合自己。也可以博采众长，春夏秋季 10 点半睡觉、6 点起床，刚好 5 个睡眠周期；冬季 10 点入睡、7 点起床，早睡晚起睡 6 个睡眠周期。还可以在忙碌的时期选择用 R 90 方案让自己更加高效，忙完这段时间之后选择中医养生方案调整一下状态。

其实，没有绝对的最优方案，只有你相信且经过验证确实适合的选择。

真正的铁人不是死扛的人，而是会休息、愿意休息的人。如果你之前是一块耗电极快的一次性电池，那么我希望读完这个部分，你能够升级成一块懂得保养、高效蓄能的充电电池。

（二）想要快速入睡，你处理好自己的情绪了吗？

如果说哺乳期的妈妈熬夜是环境所迫，那么很多非哺乳期的妈妈，熬夜熬的并不是时间，而是自由！

人有时候真的很奇怪，一边说着带娃好累好缺觉，一边趁着娃睡着或者不在家的时间熬夜放飞自己。理智告诉我们，你应该休息了；情绪却在说，你简直太不容易了，这个时候不犒劳一下自己，还要等到什么时候？

　　我有一段时间就是这样，常常熬到一两点钟。如果说我熬夜有什么成就，那就是刷了几部剧、《保卫萝卜》游戏通了关、多了几个待发货的快递……

　　事后反思，我发现之所以会放肆熬夜，是我在试图用这样的方式来获得掌控感。哄娃睡觉是不可控的，给孩子启蒙对方配不配合是不可控的，队友给不给力也是不可控的。当妈之后的失控感，让我急切地想从其他地方寻找掌控感。

　　刷剧的节奏是我可以掌控的，游戏的炮塔放在哪里是我可以掌控的，决定买什么、去哪里买也是我可以掌控的……当白天我的掌控感得不到满足的时候，我只能在晚上拼命地弥补。

　　这种掌控感并不是试图操纵别人的控制欲，而是我们天生对安全感的诉求，没有人想要自己的生活被别人牵着走，可当生活中面临诸多无能为力的时候，我们只能从其他地方发泄情绪。这并不是跟人吵架的歇斯底里，而是任由熬夜"安慰"白天得不到满足的自己，一点一滴地吞噬和消耗意志力。

　　当我意识到自己是在发泄情绪的时候，我开始正视这份需求。我会选择在白天合适的时间发泄自己的情绪，有时候是找个没人的地方使劲喊两嗓子，有时候是趁娃不在家使劲捶枕头，有时候是给朋友打个电话大哭一场。当情绪有了出口，自然就不会积压到晚上统一爆发。（关于情绪管理的部分，我会在第四章给大家详细介绍。）

同时，我会每天通过记录成就的方式重获掌控感。成就不分大小，以自己开心为标准。哪怕是削了一个很好看的苹果这样的小事，也会被我记录在成就里。甚至有时候我会主动去创造一些成就，比如说跟孩子一起画一幅很好玩的画。这些零零碎碎的记录会帮助我重新建立掌控感，负面情绪就不会那么容易涌上来了。

至于让人上瘾的刷剧、游戏和购物，我会列一张"上瘾清单"，把这些软件都藏在手机的角落，甚至卸载这些软件，提醒自己如果想要打开就先从 1 数到 10，稍微停一下，就不会那么冲动了。

另外，事情未完成的焦虑同样会让人躺在床上辗转反侧、百爪挠心。我们可以有意识地记录一下这些没做完的事情到底是什么。

有一次，我邀请精力营的妈妈列出自己的未做清单，从中看到了以下事项：

> 两件没洗完的衣服、还没刷完的碗、需要收拾的房间、急着哄娃睡觉、还没洗的脸、发誓要每天坚持的睡前瑜伽、工作上要交的报告、没看完的书、没听完的课还有没来得及写的作业……

当我们把这些事情写下来之后，会有种大脑思绪被清空的感觉，好像烦躁感少了不少。我们可以问问自己：

如果我此时此刻重病在床，有哪些是挂着点滴也要拼命完成的？

我真的有那么多要做的事情吗，还是纯属焦虑？

有 99% 的事情都是当天不必完成的，剩下的 1% 也完全可以选择在白天精力更好的时间段完成。

如果事情真的到了必须完成的地步，那就立刻爬起来完成，明天再补充一个睡眠周期就好。

（三）注意这 3 点，让你的睡眠香又甜

当我们解决了入睡困难的问题，再来看看如何才能提升睡眠质量。从我辅导的案例来看，想要让妈妈们睡得香又甜，有 3 个重要因素：睡具、睡姿和身体状态。

第一点：睡具

睡具包括舒服柔软的睡衣、高度宽度合适的枕头、足够宽大有安全感的被子和躺上去就有幸福感的床垫，这些都会大大增加你的入睡幸福度。

我列举了一些选购建议，供大家参考。

睡衣： 夏天可以选择纯棉或者是棉绸面料，套头的款式比较方便，适合经常换洗；冬天可以选择空气棉和海岛绒面料，建议选择开襟或者是斜襟款式，这样的款式领子相对比较高，可以更好地保护肩膀和脖子不受凉。如果你是哺乳妈妈，强烈建议选择开襟睡衣或者是哺乳睡衣，毕竟夜间哺乳的时候，相比于掀起衣服，解开一两颗扣子还是方便很多。

枕头：高度是选购枕头最重要的因素。《睡眠革命》里提出人其实不需要枕头，我也曾尝试过一周都不用枕头睡觉，但侧身睡觉的时候实在是不舒服，于是选择尊重自己的感受。考虑到我们入睡的不同姿势，最好选择区分平躺区和侧躺区的枕头。侧躺的高度在自己的一拳到一拳半是比较合适的。从精力营的妈妈们真实体验来看，记忆棉材质是首选，价格美好，支撑力也不错，还有专门的颈椎枕。枕头的材质固然重要，但经常换洗枕头更加重要。这里的换洗不是更换清洗枕套，而是每隔一两年重新购买新枕头才能保证枕头的卫生和支撑力。

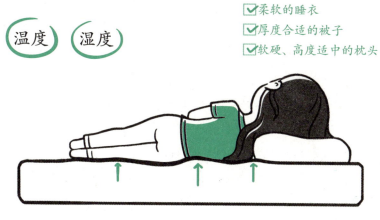

睡具怎么选择

被子：不同的人对于被子的偏好差距特别大，有的喜欢稍微有些重量的棉花被，踏实有安全感；有的喜欢蓬松的羽绒被，盖上去特别放松。这里我更想提醒你选择一个自己喜欢的被罩，舒服的触感会让你的睡眠更有幸福感。被子的厚度同样很重要。

判断被子厚度是否合适的标准是自己睡觉的真实感受。如果你是直接被热醒或冻醒的，那么确实是需要调整一下厚度了。如果是一觉到天明，你可以观察一下自己睡醒之后身上的被子是什么状态，如果整个人已经骑在被子上了，那么可能目前的被子对你来说有点厚，如果被子裹在你的身上，你却不觉得暖暖的，那么可以试着增加被子的厚度，看看会不会更舒服。

床垫：这个绝对是睡具预算的大头，价格更高，使用时间更长。最最重要的是，床垫才是良好睡眠的决定因素，毕竟我们每天有 1/3 的时间都要跟床垫一起度过，一定要在预算允许的范围内选择最适合自己的。强烈建议在实体店购买床垫，可以直接体验到床垫的质感。用你最舒服的睡姿躺 5～10 分钟，请别人帮你拍一张侧躺的照片，看看对你而言是不是最合适的。如果你的腰椎不太好，可以尝试一下偏硬的棕垫。需要提醒的是，乳胶床垫确实柔软，但使用时间短、价格相对较高，需要好好斟酌。（如果你实在喜欢乳胶床垫的质感，3～5 厘米厚度的乳胶层或许可以纳入你的考虑范围。）

除了睡具，睡眠的环境同样重要，比如说遮光比较好的窗帘，合适的温度和湿度，大人孩子都可以使用的精油香氛，能够为我们营造一个更容易入睡的睡眠环境。

第二点：睡姿

睡姿不仅会影响我们的睡眠质量，更重要的是，还会影响我们女性盆骨的稳定性，甚至会影响到妇科健康。我曾经因为产后没有及时做康复落下病根，再加上长期坐姿、睡姿不注意，导致自己在孩子一岁多的时候髋关节积液住院。

住院期间我专门请教了康复科的医生，什么样的睡眠姿势比较适合妈妈们，医生居然首先推荐了平躺的姿势。医生说，很多妈妈产后激素水平还没有完全恢复到正常值的时候，最好是平躺，因为这个姿势足够对称，不会造成盆骨扭转，对单侧盆骨的压迫也比较小，所以可以在产后和哺乳期采取平躺的睡觉姿势。

对于侧躺而言，向左向右的区别其实并不大，关键在于整个脊柱的状态是不是正直放松的。像脖子扭着睡或者是整个身体蜷成一只虾米，都会对脊柱造成压力。另外在侧躺的时候，一定要注意不要让上面的膝盖超过下面的膝盖，也就是说，如果你是向左侧躺入睡，右侧身体朝上，那么右侧的膝盖就不要超过左侧的膝盖，这样盆骨才不会发生严重的扭转。

蜷成一只大虾米
脊椎无法放松

上方的腿跨到另一侧
容易造成脊椎扭转

第三点：身体状态

长期疲惫和消耗，导致我们的身体变成了失眠体质。就算没有情绪，事情也都做完了，环境也布置得好好的，还是辗转反侧难以入眠，又或者好不容易睡着了，半夜突然惊醒，发现才凌晨 3 点，然后就再也睡不着了。

我在解决这类妈妈的问题时，发现她们都有一个共同点，就是身体本身处在生病或者亚健康的状态。

有个妈妈跟我说，她的颈椎和腰椎之前就有一些问题，生了孩子之后问题加重，有时候甚至会酸疼得睡不着觉，或者半夜有种喘不上气的感觉，醒了就再也睡不着了。她问我有什么办法可以解决这样的问题。我告诉她，一定要去医院做个检查，听医生的诊断和建议。后来她真的去拍了片子，发现脊柱确实有几节出现问题，于是配合着医院的康复训练和采取前面我提到的方法，睡眠质量果然有了很大的改善。

排除医生诊断出来的疾病，还有些妈妈出现夜醒时间比较固定的情况，可以考虑从中医十二时辰养生的角度去解决这个问题。

我有一段时间总是在早上 5 点咳醒，白天去医院检查却根本不咳嗽。后来我去看中医，医生说固定时间出现固定反应有可能是对应的脏腑有问题。晚上 11 点到凌晨 1 点对应的是胆经、半夜 1 点到 3 点对应的是肝经、3 点到 5 点对应肺经、5 点到 7

点对应大肠经。于是医生让我回去蒸点鲜百合吃，一个星期之后我果然没有早上咳醒的情况了。

另外，晚上做些拉伸按摩运动，或者是泡泡脚，都会有助于睡眠。不过泡脚的水温不要太高，也不用泡到小腿肚以上，买个可以调节温度的电动泡脚桶，持续泡一周以上就会明显感受到睡眠情况的改善。

第二节
如何快速充电保持高效能状态？

对于妈妈这个一天从0点工作到0点，一周工作7天的"007物种"而言，每天连轴转，没有一刻能够停歇，对我们的精力是极大的考验。

曾经有一个妈妈跟我说，她几乎每天都要崩溃一次，有时候是因为孩子没洗手，有时候是因为伴侣的一句玩笑话，整个人就像一只点了火的鞭炮。发完脾气以后又非常后悔，整个人就像一只泄了气的皮球，又累又疲惫。然而到了第二天，剧情依然在重复，持续的恶性循环让她特别烦恼。我问她有没有固定的时间，她说一般是在下班回家的时候，那会儿下了班坐车到家，感觉特别累，情绪就很容易失控。

表面上看，这是一个关于情绪管理的问题，但实际上，这是精力低谷造成的情绪失控，解开问题的钥匙在于快速为状态充电。

如果说夜间睡眠就是保养电池的慢充时间，那么白天的休息更像是一个超大功率的快速充电器。只要你能掌握其中的方法，哪怕只充 10 分钟，你的精力值都能得到巨大的提升，支持你应对全天的挑战。

想要获得这样的超能力，你需要：第一，找到最适合自己的充电时间；第二，选择最高效的方式补充精力；第三，我会跟你分享三招随时随地都能用得上的快速回血秘诀，让你时刻保持稳定饱满的精力状态。

（一）如何找到你的白天快充时间？

一天之中，我们的精力状态会出现一定的波动。回想一下，你在什么时间最容易犯困、无缘无故发火、情绪失控？

这就是精力值低谷期。

不过充电的最佳时期并不是精力值低谷期，提前 15 ～ 30 分钟充电效果反而更好。这就像是我们不会等电量耗尽关机才充电，而是电量显示红色就充电一样。

前面提到的那位妈妈，她的精力低谷发生在晚上 7 点，对她来说，最佳充电时间可以设定在 6 点半左右。我建议她回家之前先在小区健身区做做运动，调整一下呼吸再回家。她跟我说，自己的状态果然好了不少。

我一天之中有两个精力低谷期，一个是下午 1 点，一个是晚上 9 点。这两个不同的阶段，我会选择不同的方式快充。中

午我会用冥想放松精神，休息大脑。晚上 9 点我会趁着哄娃睡觉的时候，顺便躺着休息一下，等娃睡着之后，还可以精神饱满地再工作一会儿。

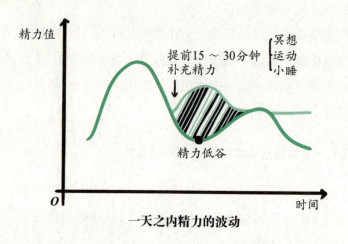

一天之内精力的波动

冥想、运动、小睡，都是很好的快充方式。

职场妈妈和创业妈妈的作息相对规律，朝九晚五更容易判断出自己的精力低谷期。时间弹性比较大的全职妈妈，最好先为自己制定一个日程表，养成规律的作息之后，再记录精力值的高峰低谷。

我们同为妈妈，然而每个人情况不同，精力低谷也各有不同。低谷期，我们会疲惫、暴躁、低落、喜怒无常，甚至会毫无招架之力而崩溃。在事情变得不可控制之前，我们有意识地为自己找个"充电器"，快充蓄能，就能更好地避免情绪失控的情况，也能更好地投入工作和生活之中。

（二）3分钟让你电量满格的秘密

精力低谷到来之前，我们可以选择很多方式蓄能。比如说睡一觉、做做运动或者吃点东西。如果刚好没有合适的地方睡觉、不方便运动或者不想吃东西，我们该如何快速恢复状态呢？

我给你分享 3 个秘诀。

第一，正念冥想。

说到冥想，很多人的第一反应是在一个幽静的环境里，一位老者穿着道服打坐的画面。也有人曾经听说过冥想的效果，尝试之后发现闭上眼睛就思绪乱飞，完全没办法跟随引导放空下来，于是得出结论，冥想根本不适合我。甚至还有妈妈跟我说，她之前一直觉得冥想是一件玄之又玄的事情，是"精神胜利法"。

关于正念冥想的科学性一直处于研究阶段。研究表明，长期练习正念冥想会让大脑的灰质层变厚，创造力和活力会更高。美国马萨诸塞大学医学院教授 Jon Kabat-Zinn、威斯康星大学麦迪逊分校心理学与精神病学教授 Richard Davidson，以及他们的同事证实了正念冥想可以提升人的幸福感[①]。

其实，百说不如一回真实体验。与其在理性的层面探讨正念冥想的科学性，不如放下所有预设的想法，真实地体验一下持续做一个月的正念冥想，看看到底会发生什么。你只需要深呼吸，放空自己就可以了，尽可能沉浸于当下。出现类似于"怎

---

① ［英］Shamash Alidina. 正念冥想：遇见更好的自己［M］. 赵经纬，刘宁，李如彦，译. 北京：人民邮电出版社，2014：177.

么还没到时间啊""这个老师接下来会说什么""我等会儿要去做什么"等念头的时候，不用指责自己，继续跟随引导语深呼吸就好。

比较推荐的有：

> 微信小程序"睿心冥想"，里面就有很多不到 10 分钟的冥想引导音频，特别适合随时随地练习，甚至孩子在家你躲在厕所里清净的时候，都可以练习几分钟让自己回血。
>
> 手机软件《冥想星球》，里面不仅有冥想课程，还有很多适合不同场景的冥想练习，10 分钟之内就可以做完一次完整的练习。

很多妈妈跟我反馈，在精力低谷做正念冥想，睁开眼的一瞬间，感觉视力都变好了，头脑也变得特别清醒，而且身体也没有之前僵硬紧绷的感觉了。几分钟的时间，感觉比睡一个小时还精神。

其实，正念冥想并不仅仅是一个提神法宝，更是一种生活态度。长期练习会让你更加专注当下，享受当下的体验，甚至会改变你对自己和世界的认识，不跟自己和世界较劲，与自己及外界更加和谐地相处。

第二，高能量姿势。

社会心理学家、《高能量姿势》的作者埃米·卡迪发现，高能量姿势会影响我们的心理状态。在同样的场景下，我们选择伸个懒腰和选择双手抱臂带给自己的心理感受是完全不一样的。前者会让我们更加放松和愉快，后者会增加我们的紧张和压力感。

我们可以找到几个自己喜欢的高能量姿势。比如说手叉腰大笑、张开手臂跳起来、抬头挺胸面带微笑（此时此刻你就可以试试这些动作的威力）。不仅如此，你还可以给自己设定几句"能量咒语"，比如说："老娘超级棒！""今天简直太棒了！""加油哦！你是最美的！"

坦白地讲，每次做出这样的动作、说出这样的话，我都会忍不住笑起来，感觉整个人的能量值正在飞速增加。

我们还可以把这个回血的招数变成一个有趣的亲子活动，跟孩子一起叉腰大笑、蹦蹦跳跳，让我们和孩子相互赋能、彼此滋养。

第三，调整呼吸。

现在我想邀请你跟我一起做三个深呼吸，鼻子吸气，嘴巴吐气，是不是有种"活过来"的感觉？

呼吸不仅仅在交换气体，更是我们的身体跟外界交换能量的过程。我们高兴的时候，会形容自己神清气爽；哭泣的时候，是不是呼吸也是断断续续的？生气的时候，是不是会喘粗气？

当我们通过调整呼吸把无意识的行为转化成有意识的行为时，就是在调整自己的生命状态和节奏。其实刚刚提到的正念冥想，也是训练呼吸节奏的一种方式。不同的是，调整呼吸不需要专门的引导，我们随时随地都可以进行。坐着、走着、一边跳一边大口地呼吸，都可以帮我们快速转换状态。

最基础的呼吸练习是"腹式呼吸"。 吸气的时候，有意识地鼓起腹部，感觉气体进入腹腔内；呼气的时候，尽可能地压缩

腹部，把身体的"废气"排出体外。这个练习会让我们的呼吸更加深入绵长，也能起到按摩内脏的作用。

第二个推荐的呼吸练习是"336"呼吸法。吸气的时候默数3秒，然后屏住呼吸3秒，再用6秒钟的时间呼气，也就是"3秒吸—3秒停—6秒呼"，然后继续吸气，循环练习。这个练习能够有效锻炼对呼吸的控制力，体验暂停那一刻"空"的感觉。如果一开始练习感觉比较难，可以先去掉屏住呼吸的步骤，3秒钟吸气、6秒吐气，熟练之后再加入屏息的时间。如果你已经掌握了"336"呼吸法，还可以在呼气和吸气之间增加一个3秒的屏息时间，就变成了"3363"呼吸法，"3秒吸—3秒停—6秒呼—3秒停"。这个练习会让我们在暂停中找到属于自己的时空。

第三个推荐的呼吸练习是在运动中大口呼吸。我一般会一边做开合跳和高抬腿，一边大口呼吸，好像前面摆了一根要用力吹灭的蜡烛。这种大口交换气体的状态，配合着身体的运动，会给人一种特别激昂的感觉，状态也能很好地调动起来。

（三）孩子生病，妈妈如何照顾好自己？

有娃的家庭一到流感高发季，就开始进入轮流生病模式，有时候运气不好还能轮两轮。生娃之前我非常困惑，要是能做好防护，定时开窗通风，按时吃药就诊，怎么会轮流生病呢？后来等自己娃生病之后，我切身体会到了那份无可奈何。孩子生病之后比以前更黏妈妈，自然进入"行为退化"模式，断奶的要摸着乳房入眠，会走路的突然要抱着走，已经会说话的只会哼哼。妈妈要投入更多的时间精力来照顾孩子。再加上孩子生病带来的焦虑和忧心，妈妈的身心状态也好不到哪里去。如果平时身体素质好一点还能硬扛，如果像我一样体质孱弱，基本上只有陪着一起生病的份儿了。

所谓"久病成良医"，正因为我时常在照顾孩子的过程中"光荣倒下"，我才会想到专门写一写这个话题。我总结了一些孩子生病时照顾自己的经验，希望能给你带来一些启发。

第一，稳住心神不慌张。现在孩子是全家的宝，他一生病全家都紧张。有可能你心里的着急还没来得及表现出来，老人已经心急如焚了。这个时候，如果再表现出焦虑着急的心态，除了让家庭气压更低之外没有更多价值。默念"我是家里主心骨，稳住稳住"，安抚好老人的情绪，消化自己的焦虑，可以用下面的列表记录孩子的一些信息，避免因为焦虑跟医生描述的时候不够清晰准确。万一再次生病，也有一个之前的病历情况方便医生了解情况。

孩子病情表

- 生病时间：
- 就诊医院：
- 体　　温：
- 精神状态：
- 主要症状：

- 大夫诊断：

第二，做好防护不鲁莽。照顾孩子是长久之计，不要用力过猛，自己一口气熬几个大通宵。如果确定孩子的病有传染性，就老老实实做好防护。我始终认为，要把"嫌弃孩子生病不负责任"跟"照顾好自己"分离开来。孩子感冒了，我们尽量戴着口罩照顾孩子。我们照顾好自己，确保不被传染、不倒下才是对孩子最大的负责。

第三，及时预防不逞强。拿我自己来说，我是很容易生病的体质。当孩子咳嗽发烧时，就算做好防护我还是很容易中招，所以我会在感觉不舒服的时候立刻采取措施。比如说头晕的时候，我会立刻吃感冒药然后睡一觉，嗓子疼的时候立刻吃药和泡澡。我要确保自己的状态是比较平稳的，才能更好地照顾孩子。

第四，主动求助不硬撑。很多妈妈会跟着孩子一起生病，主要是累倒的。我还记得孩子一岁的时候突发幼儿急疹，烧几天几夜我就抱着他几天几夜，等到热退疹出的时候，我也成功地病倒了。那时我才发现奶奶照顾得比我更仔细。也是从那一次我意识到，主动求助才是照顾孩子的长久之计。我们是孩子唯一的妈妈，但并不是他唯一的照顾人，不需要孤军奋战，主动求助才能让全家更好地协作，孩子也能从我们身上学到合作的精神。

第三节
如何协调自己和孩子的作息时间？

我曾经在社群发起一个投票，请大家投出影响你休息的最大困扰，结果"如何快速哄睡孩子"以 50% 的投票率压倒性地胜出，可见这个话题戳中了多少妈妈的痛点。

第一次当妈妈，经过刻苦学习、认真实践，我顺利通过健康、启蒙、沟通等多个关卡，唯独在"哄睡"这里屡战屡败、屡败屡战。孩子的睡眠规律就像一门玄学，当你鼓足干劲，准备决战到天明的时候，他睡了；当你极度困倦、万念俱灰的时候，他还在你的身边翻滚跳跃……我甚至一度怀疑再这么哄下去，我们俩的亲子关系也要就此终结了。

孩子的月龄不同，睡眠规律也是千差万别。当你刚刚舒了一口气觉得终于摸清对方路数的时候，不好意思，本宝宝已经进入全新的睡眠规律了，妈妈你要继续加油哦！

这一节，我们先聊一下初产妈妈休息的话题，再分别聊一下独自在家带娃和孩子入园之后，如何能拥有井井有条的日常作息。

（一）初产妈妈如何高效休息？

哈佛凌晨 4 点半的故事感动了无数人，但没有人知道，这世界上还有这么一群人，她们经历了身体心理的巨大变化之后，见过 1 点、2 点、3 点、4 点、5 点的凌晨，熬过无数个不眠之夜。这就是初产妈妈。

我曾经以为养育孩子最辛苦的是分娩的 10 级疼痛，最需要注意的是坐月子的 30 天。事实上，我还是低估了任务难度。月嫂阿姨离开的第一天，我们全家就集体熬了个通宵，人类幼崽开始发威，无论是奶睡、抱睡还是拍拍睡，全部失效。经过几个晚上的不眠不休，我开始出现幻觉，听人说话感觉像在梦中，脑子一直嗡嗡作响，别人一句话我要停顿 30 秒才能答应，我开始体验到灵魂出窍的感觉。

长期缺觉加上本来体质就弱，我的身体几乎完全垮掉。平均每周都要生一次病，而且每次位置还都不一样，鼻炎、咽炎、气管炎、腰痛、背痛、肩膀痛，我硬是在二十几岁活出了 80 岁的身体状态。真正把我从哄娃束手无策的状态里解救出来的是一本叫作《实用程序育儿法》的书，里面介绍了如何通过调整孩子的饮食、运动、休息规律来获得自己的休息。

我把书中的方法做了简化，加入了一些自己亲身实践有效的方法，帮助了很多初产妈妈度过了人生中最疲惫的阶段，希望对你也能有所启发。

　　跟成人一样，婴儿也拥有自己的睡眠周期，大概是45分钟，同样分为浅睡期和深睡期。前 15 ～ 30 分钟，婴儿是处于浅睡期，之后才是深睡期，也就是广告里展示的"婴儿般甜美的睡眠"。浅睡期从孩子闭上眼睛开始起算，所以当你看到孩子闭上眼睛感觉像是睡着了，先别忙着兴奋，稳住！再耐下心轻拍 20 分钟左右才能如愿溜之大吉。之后就迎来了妈妈肆意玩耍的宝宝深睡期，这时你折腾多大的动静都很难吵醒他，不过深睡期只有 20 分钟左右，紧接着会有一个"黄金接觉期"，是两个睡眠周期的衔接点。当你发现孩子开始动来动去哼哼唧唧的时候，可以轻轻慢慢地拍一拍孩子帮他接觉，然后你又能迎来一个崭新的"自由时代"。

婴儿睡眠周期

浅睡期 (15～30min) 5-30min	深睡期 (20～30min)	接觉期 (5～10min)	新周期
Note: 从闭上眼睛开始起算，一般 15 ～ 30 分钟，此时孩子呼吸较浅。 **建议:** 看到孩子闭上眼睛先别激动，轻拍 10 ～ 20 分钟待孩子进入深睡期后再离开。	**Note:** 一般 20 ～ 30 分钟，此时明显感觉孩子呼吸较慢较深。 **建议:** 恭喜进入自由时光！请尽情放松休闲吧！	**Note:** 一个 45 ～ 60 分钟的睡眠周期结束，孩子会开始扭动或哼唧。 **建议:** 如果孩子还需要再睡，可以轻轻、慢慢拍着孩子，帮他接觉，进入下一个周期。	

跟成人不同的是，婴儿的睡眠还受到饮食（吃奶）和运动（玩耍）的影响。刚出生的宝宝大概每 2 小时进行一次作息循环，也就是先吃 15 分钟，再玩 30 ～ 60 分钟，最后睡 1 ～ 2 个睡眠周期。如果孩子吃完之后就直接睡着了，那么很有可能他因为没有充分放电，导致睡眠时间很短。也有些时候，如果小婴儿连续玩了 1 小时以上，哭闹不止却无法入睡，我们就要试着给孩子喂食引导他进入新的周期循环。

我们可以通过记录孩子"吃—玩—睡"的作息规律，找到调整作息的方案。

    凯凯是一个 3 个月的宝贝，他和妈妈基本上处于一种昼夜颠倒的状态。晚上 11 点凯凯还在咿咿呀呀地兴奋，毫无睡意，基本上要等到半夜 12 点半才能哄着，半夜也要起来一两次，一醒就是一两个小时，反倒是白天七八点钟一个哈欠接着一个哈欠，能一口气睡四五个小时。这可把他的妈妈熬得够呛。

    我请凯凯妈妈填写下面这张表，记录日常 24 小时的情况，并且在最后一列写下她的分析和下一步调整的方法。

凯凯 24 小时日常记录分析

时间	吃 （吃了什么？多少分量？）	玩 （什么活动？状态如何？）	睡 （几点入睡？睡了多久？）	分析和下一步方法 （有没有影响孩子的作息？接下来打算怎么调整？）
1 点	母乳，两个乳房的乳汁吃光光了		睡眠时长 2.5 小时。醒来吃奶，吃完睡着了，1 点半开始入睡	前一天晚上可以多喂一顿，这样半夜就能多睡一会儿了
4 点	拉了臭臭	4 点半趴了 10 分钟，不是很喜欢趴，开始在床上扭动，咿咿呀呀叫	4 点醒来，睡了 2.5 小时。很明显不想再睡了	作息还是有些颠倒，可能跟拉臭臭有关？是不是晚上喂多了？下一次可以试试提前半个小时接觉，看看能不能顺利接过去
5 点	母乳，全部吃光	给娃做了抚触		
6 点		抱着宝宝去客厅转了两圈，在沙发上趴了将近 20 分钟。状态不错，消耗了一些电量		下次可以多消耗一点电量
7 点			哈欠连天，哄睡 20 分钟后入睡，7 点半放到床上	
11 点	感觉像是饿醒的，吃完母乳还不够，又喝了 60 毫升牛奶		11 点半醒来，醒来就哭了。睡了 3.5 小时	或许可以在哄睡之前再补充一点食物？

时间	吃 (吃了什么? 多少 分量?)	玩 (什么活动? 状态 如何?)	睡 (几点入睡? 睡了 多久?)	分析和下一步方法 (有没有影响孩子的作息? 接下来打算怎么调整?)
12 点		心情不错, 在垫子上玩玩 具, 感觉消耗 了不少电量		
13 点	拉了臭臭。 母乳全部吃光			
14 点		趁着外面太 阳好出去玩了 一会儿		
15 点			回家路上在 背袋里睡着 了, 大概 15 点睡着	感觉孩子太累了, 而且 容易影响接下来的作息, 或许可以把中午玩的时间 再提前一点
17 点	吃了母乳, 又喝了 60 毫 升牛奶		17 点哭醒, 睡 2 小时	可能也是因为饿了
19 点		爸爸下班回 来, 父子俩玩 了半个小时, 一直在笑		
20 点		洗澡洗漱		
21 点	吃母乳	妈妈讲故 事、做抚触		睡前活动时间太长了, 直接影响入睡时间, 可以 考虑压缩时间
22 点			开始哄睡	
23 点			哄睡 1 小时后 成功入睡	

通过记录我们可以看到，妈妈的观察和记录非常仔细，而且有针对性地提出一些改进措施。相比于作息完全混乱的孩子，凯凯的作息还是有一定的规律的。主要需要调整的有两点。

一是早上起太早，4点钟就开始活动，影响一整天的作息。

这里可以采取两种措施，一是如果孩子早起的时间比较固定，那就早点叫醒孩子打破之前的规律，再给孩子接觉，这样就能顺利调整新的作息规律。二是白天少睡一觉，晚上提前1～2小时哄睡，也能让孩子顺利跨过早起的生物钟。总的原则就是"先破再立"，先打破之前的生物钟，再建立新的作息规律。

二是睡眠总时长不够，只有10.5小时。3个月的孩子参考睡眠时长是15～17小时。想要达到推荐的睡眠时长，首先考虑是增加夜间睡眠。比如说白天多放电，早一点执行睡眠仪式，适当增加一些食物（如奶粉，6个月之后可以加米糊等），早上接好觉，等等。另外白天也可以适当增加午睡的时间，计算好宝宝接觉的时刻，再增加一个睡眠周期。

另外，我还有三点建议送给初产的你。

一是懂得放过自己。我们最容易钻的牛角尖就是希望自己成为一个"好妈妈"，于是把所有照顾孩子的任务都揽到自己身上，结果孩子没照顾好，身体还拖垮了，简直是双重打击。

二是学会拥抱现实。孩子的作息不断变化是事实，接受这

一点，我们才能在孩子作息变化的时候，耐下心来重新观察、记录并且满足孩子的需求。

三是拥有足够自信。这份自信不仅是对自己，更是对孩子。无论发生了什么样的变化，相信一定有解决办法，这份信念会帮助你找出最适合的方案。

（二）3 岁之前，独自带娃如何能喘口气？

孩子 3 岁之前，如果给带娃的难度排序，独自在家带娃 > 在家带娃 > 带娃出去玩。有人帮忙的时候至少还有人帮你分担一部分火力，出门玩耍的时候孩子的注意力也能被吸引走一部分，都能让我们松一口气。可当你独自在家带娃的时候，孩子的注意力只能放在你一个人身上，而且你必须随叫随到。无论你在炒菜还是上厕所，只要孩子一声令下你必须在 5 秒钟之内到达，否则面临的就是一场天崩地裂的大哭。就算他在自己玩，家里各种潜在危险也让我们不得不紧紧盯着娃，准备随时"救火"。

一天下来，说不定连口水都喝不上。

再对这种情况我也曾经试图挣扎过，却发现自己越是想要找到一些喘息的时间、空间，越是找不到。给他设置一个独立空间让他自由玩耍，自己躲个清净，他总能在犄角旮旯找到你；趁他不注意回个信息，他能给你在聊天框发一堆表情。我越是想要逃离，越是想要休息，他越是会无缘无故哭闹，对我来说是一种双重消耗。

后来我在书上读到这样一段话："*幼儿通过与母亲的互动建立安全感，当他感受到母亲完全关注他的时候，他更容易建立*

起安全型依恋，并更愿意去向外探索世界；反之，他会更容易发展成为回避型或矛盾–焦虑型依恋，在未来的社会交往中也容易受挫。"这时我才意识到自己的无意识躲避逃离，其实是向孩子发射了一个危险的信号——"我随时有可能得不到照顾"。孩子感受不到安全稳定和积极回应的时候，自然更容易暴躁。

于是我调整了自己的心态，从"不得不做"模式调整为"全情投入"模式。调整之后，我才发现，真的没有必须立刻回复的消息，见缝插针编辑的两行字也没有多少生产力。当我开始投入其中跟娃一起嗨、一起玩的时候，我发现时间没有那么难熬了，更重要的是，我的状态越投入越放松，孩子的情绪越稳定，也更愿意自己玩了。我完全可以把陪娃当成是为自己蓄能的方式，我何止是喘口气，简直就是自由呼吸！

另外，独自在家陪娃的时候，特别容易感觉不到时间的流逝，导致作息不够规律。我会用手机设置一些时间点，提醒我相应的日程。

闹钟列表

时间	提醒事项
7：00	起床、洗漱、准备快手早餐
10：00	准备午餐，检查上午日程完成情况
13：00	提醒午睡
16：00	准备晚餐
19：00	准备洗漱
20：00	检查当天日程完成情况
21：00	上床睡觉

设置闹钟，能帮助我们建立时间感知度，每隔几个小时对时间进行一次重新锚定，不至于被各种突发事件冲散了日程。当日程相对固定的时候，再从中找到休息时间就变得容易多了。

一般来说，1～2岁的孩子白天有1～2次小睡，平均每次有1～2个小时。通过记录孩子吃—睡—玩的时间，就可以大致判断出孩子在什么时间最有可能睡觉，提前20分钟左右哄睡，成功率和孩子的熟睡度都特别高。如果你希望孩子早点睡，可以带着他做一些放电运动。对于小月龄的宝宝，练习趴着和翻身就是剧烈运动了。对于再大一点的孩子，爬、走、蹦、跳这些活动，都可以让孩子充分放电。我们还可以利用家里的环境给宝宝设置略有难度的闯关游戏，宝宝快乐放电，妈妈轻松休息。

我们还可以有意识地培养孩子的时间观念。机械番茄钟是一种很好的时间管理工具。我们家的扭扭钟是小猫头鹰的形状，我在娃2岁的时候，就会跟他约定倒计时或者时长。我会跟他说："妈妈现在要睡一会儿，等小猫头鹰响了妈妈再来找你玩可以吗？"或者是："妈妈现在要去做饭了，我们设定20分钟的倒计时，等小猫头鹰响了我们再一起玩可以吗？"尽管这种约定不是每一次都奏效（你懂的），但孩子在这个过程中也逐渐理解了时间的概念，为下一步做好时间管理打好了基础。

（三）入园之后，这样做日程井井有条

还记得我们家娃刚上幼儿园的时候，我开心得不行，心想终于有更多属于自己的闲暇时间了！孩子入园之前，我专门对照着幼儿园的日程给孩子调整了作息。没想到入园之后，我发

现又迎来了全新的挑战。

首先是早晨上幼儿园的时间，这是绝对的固定日程。我必须从之前早晨的日程安排中，"找出"叫娃起床、穿衣、送园的时间，在这个基础上额外加 15 分钟的应急处理突发事件时间。

这是有深刻教训的。

　　对于一个 3 岁多刚刚入园的小朋友，他总能用各种各样你完全没脾气的方式成功迟到。

　　星期一是因为外套没有按照他希望的先左后右的方式穿进去；

　　星期二是因为下楼的时候没有牵手手；

　　星期三是妈妈说话的声音太大了；

　　星期四是出门拿了一块饼干不小心磕掉了一个角；

　　星期五是赛跑的时候妈妈抢跑了……

预留出 15 分钟的应急处理时间，早晨送孩子入园的时间一下子变得宽裕了很多。相应地，我也不得不再提前 15 分钟起床，才能保证完成早上所有的日程。

对于已经上学的孩子，他们的日程相对固定，固定时间上学、固定时间放学回家，在安排日程的时候，要遵循必做先行、固定有序、兼顾弹性的原则。

回到家之后先把必做的事项完成，比如说作业、洗漱、读书等，总之什么在你和孩子看来是必须做的，就最先把这件事完成。我们可以列一个日程清单表，每天核对打钩即可。

同时，一定要留出 1～2 小时的弹性时间，这个时间段可以什么都不安排，留给孩子自己安排或者是处理一些突发情况。这样也能最大限度地保护孩子自我管理的热情和能力。

相比于只有一个娃的家庭，两个孩子的家庭的放学日程规划起来就复杂一些，需要综合考虑两个孩子的需求和时间。

有一位两个孩子的职场妈妈跟我说，两个儿子一个上幼儿园、一个上小学，放学之后陪完大的陪小的，陪完小的再照顾一会儿大的，结果最后全家都要快 11 点才能睡着，这样下来，自己和孩子的睡眠时间都不够。

那位妈妈跟我说，她觉得全家睡得晚的"罪魁祸首"是老二。放学之后她需要先陪老大完成作业，之后就是老二称霸的时间了。看看书，再跟哥哥疯一会儿，洗完漱上床，还要在床上蹦一会儿，一来二去就到 11 点了。她也试过早点哄睡二宝，却发现二宝根本不买账，根本不困只想玩。

听完她的描述，我的想法恰恰相反。二宝睡得晚并不是因为不困，而是轮到他的时间晚。哥哥几乎每天都要写 2 小时以上的作业，不知不觉就已经到 8 点多了。等轮到弟弟的时候，就已经快 9 点了。他想要妈妈多陪一会儿，妈妈潜意识里也想要多陪一会儿，才会导致 11 点还没睡的情况。

我提议这位妈妈调整一下陪伴的顺序，这个时间妈妈先陪伴弟弟，让哥哥自己做作业，给哥哥更多的空间和信任。同时把弟弟洗漱这样的"必做事项"放到最前面做，差不多 9 点钟就可以哄睡了。弟弟入睡之后，再检查哥哥的作业，跟哥哥聊聊天谈谈心，时间也更宽裕，对话也能更加深入。

孩子陪伴方案

		18:00	19:00	20:00	21:00	22:00	23:00
优化前	哥哥	陪哥哥做作业			和弟弟一起玩		
	弟弟	一边自己玩，一边找哥哥捣乱			陪弟弟玩耍哄睡		
优化后	哥哥	请哥哥自己完成作业				谈心、睡觉	
	弟弟	陪弟弟玩耍			哄睡		

妈妈反馈说，经过优化，家庭整体入睡时间从 11 点提前到了 10 点。更重要的是，弟弟得到了更高质量的陪伴，变得不再像以前一样黏人、爱捣乱，哥哥也感受到了信任，能够更加独立地学习了。

最后特别想要提醒大家的是，一定要保证日程的规律性。有些妈妈在周末或者是孩子放假时，前一天就会不按时休息，第二天会睡个懒觉。这样看似享受放纵的快乐，实际上反而破坏了身体的节律感。相比于作息稳定的孩子，打破了作息规律的孩子更容易生病、情绪不稳定、自我管理能力也相对较弱，甚至再开学的时候还会产生抵触情绪。

家庭时光：创造一个主题式放松活动

谈到休息放松你会想到什么呢？睡觉、在家休息？

休息放松不一定是躺在家里睡大觉，出来玩一玩，或者全家一起合作一个作品都能给我们带来放松感。

这一章是关于休息的，我们一直在谈节奏感，我们的作息和日程，都需要有相对稳定的节奏。但别忘了，生活除了按部就班的节奏感，还有跌宕起伏的层次感，生活的美好也正是由一个又一个充满仪式感的片段定格而成。

还记得小时候，我爸周末总会带着我和妈妈出去放松。春天会挑天气好的时候去山坡上摘槐花，夏天会去河水溪流附近纳凉，秋天会开着车在环山公路上看满山的红叶、黄叶。有时候也会心血来潮周末去北京、上海转一圈，吃吃喝喝到处看看。有时候干脆在家待一天做点好吃的食物，一家人分享。这些画面即使过去这么久，回想起来还是感觉特别温馨和感动。

正因如此，我在每个月初做计划时，都会选择至少一天作为家庭主题活动日。这一天我们不需要遵守之前设定的日程表，而是跟爱人、孩子，有时候也会邀请父母一起进行一项主题活动。

大部分主题是孩子的愿望，比如说去动物园、科技馆、游乐场，有时候也会假借孩子的名义去艺术馆、绘本展，美其名曰熏陶孩子的艺术细胞，实则是自己想去。

有一年"五一"，老公没有回来，我带着婆婆孩子，直接拉着行李箱去市郊的度假村住了一天。

我把这些主题式的放松活动按照"功能"分成三类。

长见识类：博物馆、艺术馆、科技馆、动物园……

娱乐类：游乐场、商场、公园、看电影、度假……

手工类：拼积木、做面包、做比萨、做装饰品……

说是功能不同，其实在玩的过程中都是相互交叉的。比如说我们去动物园之前会先读两本关于动物的绘本，我会和孩子一起画一张动物园地图，提前规划好路线和想要看的动物，用无纺布把不同的动物做出来，玩角色扮演和知识竞猜的游戏。这样的玩法涵盖了长见识、娱乐和手工3种功能。

这样的主题式家庭时光，哪怕一个月只有一次，都能极大地促进家庭和谐放松的氛围。不要以为孩子小他们就什么都不记得，他们看到的风景、走过的路、父母温馨的互动，都是他们生命内在温暖的力量。

小工具：制作一张全家日程表

2020年发生了新冠疫情，让很多人不得不选择在家办公，有位孩子2岁半的妈妈分享了她家的日程安排表。

疫情期间日程安排表（夫妻协作）

时间	家庭成员			具体执行情况						
	孩子（2.5岁）	妈妈	爸爸	周一	周二	周三	周四	周五	周六	周日
7：00		洗漱、做饭	起床、整理家务							
8：00	起床									
9：00	玩早教游戏	陪娃	办公							
10：00										
11：00	英文启蒙、自己玩		做饭							
12：00		吃饭								

续表

时间	家庭成员			具体执行情况						
	孩子 （2.5岁）	妈妈	爸爸	周一	周二	周三	周四	周五	周六	周日
13：00	午睡	小憩	小憩							
14：00			简单收拾房间							
15：00	运动、 自己玩	办公	陪娃							
16：00										
17：00		做饭								
18：00		吃饭								
19：00	读书	讲故事	收拾家务							
20：00										
21：00	洗漱、睡觉	哄睡								
22：00	睡着	准备明天游戏材料 夫妻聊聊天								
23：00										

通过安排，孩子基本上每个时段都是有大人陪伴，而且总体的作息比较规律，父母也有自由处理工作的时间。我们可以每周来做一下复盘，检验日程表安排得是不是合理，以便在下个星期做出一定的调整。

这个妈妈把日程安排表发出来之后，有妈妈说简直太羡慕这样的队友了，自己的队友别说是做饭收拾家务了，不帮倒忙就不错了。关于跟家庭成员协作的话题，我们放在后面的章节来讲。分享这个日程表主要是希望给大家提供一些日程安排上的启发。既要把自己和孩子的时间安排进去，也要有适度的时间安排弹性。我们可以看到孩子的日程是比较宽松的，基本上就是上午、下午、晚上各安排了一件事。这样一来大人和孩子都不会感觉特别紧张。而且基本上也给自己留出了一定的自由时间。

如果是只有妈妈一个人陪娃的话，可以参考下面这个表格。

妈妈独自带娃时间安排参考

时间	家庭成员		具体执行情况						
	孩子	妈妈	周一	周二	周三	周四	周五	周六	周日
7：00		起床、洗漱、做饭，准备当天食材							
8：00	起床	带娃起床、洗漱、吃饭							
9：00	玩早教游戏	陪玩							
10：00									
11：00	自己玩	简单收拾一下房间							
12：00		吃饭							
13：00	午睡	休息 10～20 分钟，自由安排							
14：00									
15：00		陪娃							
16：00	运动、自己玩	安排一些能够随时被打断的工作							
17：00									
18：00		吃饭							
19：00	读书	讲故事							
20：00									
21：00	洗漱、睡觉	哄睡							
22：00	睡着	复盘当天、规划明日安排							
23：00									

　　相比于夫妻协作的版本，妈妈独自带娃的版本同样可以安排出自由支配的时间。如果娃没有午睡，可以适当提前一下哄睡的时间，那么整个晚上都是可以自由安排的大块时间。

第三章

学会吃和动，
重获对身体的掌控权！

顺产之后的第三个小时，我人生中第一次感受到身体失去控制的感觉。当时，医生叮嘱我最好在产后 4 小时之内排尿。但当我想要起身上厕所的时候，才发现我完全动不了了。身体看起来没大的改变，但我的脑子叫它起身它却纹丝未动，最后只能像个树懒一样，两个胳膊挂在老公身上把身体吊起来。去厕所的十几步路，我简直像走了一个世纪。

　　我曾经以为自己产后最不能接受的是身材变形，那一刻我发现，拥有身体的掌控权居然都变成奢侈品。

　　随之而来的还不止这些。

　　身材变形不仅仅发生在腿上、腰上，肩膀、胳膊和后背也变圆变厚了，关节总觉得哪里不对劲，肩膀、颈椎和手腕总是会没来由地发酸。还有突如其来无法控制的漏尿、抽筋，都在提醒我，我的身体真的跟以前不一样了。

　　有些妈妈告诉我，她们产后会出现腱鞘炎、脊椎炎、腰酸腰疼、偏头痛的情况，如果月子再没坐好、产后修复不够及时，身体的状态更是雪上加霜，再看看自己的小肚子、大粗腿，心情也变得沉重复杂起来。

　　我们可以告诉自己不用为了迎合大众审美，必须变成"筷子腿""A4 腰"，可当正常的健康都成了奢望，我们才会意识到真正的好身材并不在于斤数和维度，而是从内而外散发出的舒适和活力。这一章我无法告诉你们如何"瘦成"理想状态，但我愿意跟你分享我走过的坑，以及如何通过吃和动，成为浑身散发光芒的自己。

测试：你的身体是在加油还是漏油？

1. 我总感觉自己的关节不够灵活，时常会有酸疼感，尤其是手腕、肩膀、腰和颈椎。

2. 我时不时会有种喘不上气的感觉。

3. 我做 10 分钟以上的运动就会气喘吁吁。

4. 我没有喜欢的运动和固定的运动习惯。

5. 我的身材和生育之前差别非常大。

6. 不管我怎么控制饮食，还是会长胖。

7. 我的BMI① 超过 24，或者小于 18.5。

8. 我们家族胖子② 特别多。

9. 我的肠胃功能不是特别好，要么腹泻，要么便秘。

10. 我近一年有过身体状态非常不好，甚至生病住院的时候。

如果你有 3 个以上的问题都回答"是"，那么你的身体已经处在漏油的状态了。

---

① BMI= 体重（kg）÷ 身高（cm）²。
② BMI 超过 24 的"胖子"，不包括哺乳、怀孕期女性和老人、小孩。

我们的身体状态跟饮食、运动和全家的生活方式都有很大的关系。考虑到产后是妈妈身体状态调整的特殊时期，我会单独拿出一节来讲，然后跟大家分享适合妈妈们减重和塑身（有些妈妈会有增重的需求）的方法，最后再讲如何影响全家人一起调整生活方式，让全家人都能拥有健康有活力的身体。

第一节
产后恢复篇

怀孕之前，我对于产后的认知都来自产后复出的女明星，她们各个光彩照人，甚至还有外国王妃，产后几天连月子也不坐，就穿着半裙单手抱着婴儿出现在公众面前，好像生育对她们而言，只是"卸货"那么简单。

怀孕之后，我开始查阅关于产后恢复的资料，才发现打开了新世界的大门。产前锻炼、产后康复都是专业活，坐月子也有诸多讲究和禁忌。于是我十分认真地做了好几页的产后恢复笔记，还下载了专业的练习视频，就连请月嫂的时候也是专门挑了一位有产后恢复运动指导经验的阿姨。

原本以为凭借着自己的"万全"准备，绝对万无一失。没想到产后当天我就开始进入连环巨坑。先是在病房里吹风着了凉，为了治疗感冒咳嗽吃了不少清热去火的药，导致63天恶露才结束，差点被拉去清宫。出了月子因为怕麻烦不想去医院，就没有及时做产后修复治疗，结果一度失禁。产后三个月，因为对自己发福的身材不够满意，急于减肥过度训练用力过猛，导致耻骨受伤。接二连三的遭遇就像是一记又一记重拳，打得

我头晕眼花措手不及，终于在产后 4 个月的时候，我抑郁了。

现在回想起来，如果我能对产后恢复有很清晰的认识，知道什么必须引起重视，什么不该做，什么不用着急做，是不是就能避开很多坑呢？

这也就是我写这个部分的意义，如果你还在孕期，我希望给你一些心理准备，让你知道重点和避雷点在哪里。如果你恰好在产后一年的黄金修复期，你能知道如何抓紧这个时间进行高效恢复。如果你身边有处在产后黄金修复期的姐妹，请务必把这一节的内容分享给她，让更多的人少走弯路、不踩坑。

（一）产后修复是收智商税吗？

产后修复绝对是一件"做了当时后悔，不做后悔一辈子"的事。出了月子我去做产后检查的时候，大夫给我开了一次盆底肌康复的治疗，并且建议我持续做一个疗程。当时我觉得每天来回奔波一个多小时实在不划算，于是委婉拒绝。当时忙于照顾娃，没有什么感觉，直到产后一年出现了失禁，我才后悔不迭。好在我去医院咨询才知道尽管我已经错过了黄金恢复期，但做总比不做强。于是乖乖坚持了一个疗程，失禁的情况终于得到了改善。

产后修复对于女性而言非常重要，甚至可以说这是每个女性产后必须做的项目。很多人担心做产后修复被收智商税，主要是缺乏足够的信息和判断能力。

首先我们来聊一下产后修复究竟修复什么。

一是盆底肌。打个比方，我们的身体分成躯干、四肢和头部，其中盆底肌就是固定我们身体中央区的"防护网"。盆底肌肉群犹如一张"吊网"，把尿道、膀胱、阴道、子宫、直肠等脏器紧紧吊住，从而维持正常位置以便行使其功能，起到承上启下的作用。一旦这张"网"弹性变差，"吊力"不足，便会导致"网"内的器官无法维持在正常位置，从而出现相应功能障碍，如大小便失禁、盆底脏器脱垂，底座不稳，向上蔓延腰疼背疼，向下腿疼膝盖疼。

二是腹直肌。腹直肌相当于我们腹部肌肉的"中间拉链"，我们身体扭转、起身、排便和分娩都会用到这块肌肉。怀孕的时候，我们为了不"压"到宝宝，拉开了"中间拉链"；生娃之后，如果拉链还是分开的状态，就会引起腰酸背痛，影响排泄功能，甚至还会出现内脏移位和脱垂的现象。

这两个肌群对于我们的健康至关重要，这也是为什么我建议你去做产后修复的原因。

其次我们去哪里做产后修复项目？

现在市面上很多打着产后修复口号的机构，其实是缺乏盆底肌康复治疗的资质的，拿机器夹住盆骨往里收，看上去好像是臀部变小变翘了，更大的可能是——盆骨更歪了。坊间流传的徒手正骨，更是见仁见智，运气占很大成分。怕麻烦或者想省钱选择自己在家修复的朋友，很有可能因为缺乏诊断和指导，把握不住轻重，白花了时间，还会造成二次伤害。当我们处在产后身体疲惫、睡眠不足、判断力直线下降的情况时，很容易被各种"产后修复""身材恢复""女性调理"的字眼忽悠。这个时候，一定要稳住心神去正规医院，请专业的医生诊断，并制

定相应的治疗方案。

（二）产后多久才能恢复身材？

相信不少妈妈看着镜子里肥硕的自己，心里都会忍不住冒出一个问题：到底什么时候才能减肥？

当初听说身材恢复的黄金时期是产后 3～6 个月，过了这个时间再减就减不下来了，我的心里不免暗暗着急，于是产后 3 个月就急吼吼去健身房锻炼，还专门请了私教，结果身体承受不住教练设定的重量导致自己耻骨受伤。后来我才知道，其实产后想要恢复身材，完全不需要挑个黄道吉日去健身房，注意日常饮食休息才是关键。换句话说，只要你注意自己的生活方式，你的身材恢复从产后第一天就开始了。

很多人想到减肥，脑海里都会弹出两个词——节食和运动。所以想当然地以为产后想瘦必须严格控制饮食，做一些大汗淋漓的高强度运动。实际上，产后减肥跟我们平时减肥还是有一些区别的。我们有一个得天独厚的减肥优势——泌乳。产后前 6 个月，宝宝吸收营养的唯一途径就是乳汁，这个时候我们的乳汁为宝宝提供能量供应的同时，也在消耗我们自己的热量。乳汁主要包括水分、糖分和微量元素，所以保证多喝足够的水，在日常推荐的水量的基础上再多加 500～1 000 毫升，额外摄入一些富含蛋白质的食物就足够了。至于那些漂着油花的"下奶汤"，除了能给你的肚子添砖加瓦之外，没有任何效果，甚至会导致乳汁过于黏稠而"堵奶"。

总之，注意休息、保持好心情、均衡饮食、补充水分，在享受哺育宝宝的同时，身体就会自动为你消耗热量，实现"躺着也能瘦"。

（三）妈妈肩、妈妈腕，5分钟帮你缓解

　　我曾不止一次看到抱着孩子的妈妈，手腕上缠着厚厚的绷带。这可不是什么专业的运动装备，而是在治疗妈妈特有的病痛——腱鞘炎，俗称"妈妈腕"，大多是因为腕部关节长时间劳损造成的。治疗腱鞘炎的关键是给关节足够的休息时间，对于妈妈来说却是奢求。孩子哭的时候要抱着、孩子睡觉的时候要搂着，还有换尿布、陪玩等工作，都会让腱鞘炎的恢复更加漫长。还有"妈妈肩""妈妈腰"，都是用来形容妈妈们各个部位劳损情况的。似乎跟"妈妈"两个字沾边的部位都是病痛的代名词。事实上，妈妈的"工作强度"极大，加上长期休息不足，身体虚弱，都会让妈妈的身体状况雪上加霜。

　　工作带来伤病我们可以辞职，但我们永远不可辞去妈妈的身份。与其抱怨病痛，不如想想我们可以主动做些什么。学习一些可以缓解肌肉疲劳的动作，尽可能避开容易让我们受伤的动作，都是对自己最大的保护。

　　我为大家推荐的动作，学起来轻松，做起来容易，而且几乎不需要任何器械，随时随地都可以完成。

　　缓解"妈妈腕"：

　　腱鞘炎的产生，主要是由于腕部肌肉的劳损，想要缓解这个部位，我们不仅要拉伸放松腕部的肌肉，更要加强手臂和肩颈的力量，分担一部分腕部的压力。

第一，一只手握着另一只手的手指部分，拉伸手掌和手腕的位置。

一只手握另一只手手指

第二，单手握拳，拇指根部朝上，手腕下压，感受手腕侧面的拉伸感。

单手握拳

第三，两只手的拇指和食指分别相对，向中间发力，拉伸虎口的位置。

两手拇指相对

这三个动作能够对新手妈妈的腱鞘炎有很好的缓解作用。

缓解肩颈酸痛：

妈妈的肩颈之所以很容易酸痛，一方面是因为妈妈在抱娃尤其是抱着哄睡的时候，需要保持固定的姿势，导致肩颈僵硬；另一方面，妈妈本身核心力量不足，抱娃提重物的时候，只使用肩颈的力量，造成肩颈的过度消耗。我们可以通过这两个动作来改善。

第一，我们可以站在离墙有一步远的地方，把手放在墙上，身体下压感受到整个背部的拉伸，默数 30 秒。

第二，拉伸活动肩颈。左手放在头顶，让右侧颈部往左耳的方向拉伸，同时右肩慢慢前后转动。对侧做同样的动作，整个过程身体保持正直。

拉伸背部　　　　　放松肩颈

缓解腰酸背痛：

腰背肌肉是我们身体的核心力量群，妈妈之所以出现腰酸背痛，甚至是伤病，主要有两个原因：一是怀孕生产期间对腰

背造成了一定的损耗；二是生娃之后休息不足，又需要照顾孩子，对核心力量造成了更大的消耗。想要缓解这样的情况，我们一方面要学会高效休息核心力量群，另一方面也要循序渐进提升核心力量群。

第一，下犬式。在瑜伽里，下犬式的动作要领是尽量让肩部下压，脚后跟踩到地面上，让肩背部得到锻炼和放松。

第二，猫式。这个动作可以很好地放松腰背和脊柱。

第三，婴儿式。臀部坐在脚后跟上，俯身向前伸展，也是很好的放松动作。

下犬式　　猫式　　婴儿式

如果感觉脊柱非常僵硬，下面这两个动作可以帮你灵活脊柱。

第一，脊柱扭转。右腿伸直，左脚放在右膝外侧，右手手肘抵住左膝外侧，持续 10 秒后，换另一边。

第二，臀桥。这个动作同样来自瑜伽，在练习的过程中，感受脊柱一节一节卷起的感觉。

脊柱扭转　　　　　　　　臀桥

需要提醒的是，所有动作都是"过犹不及"，拉伸讲究的是循序渐进，动作幅度在你能接受的极限范围之内即可，时间维持在要求范围内即可，如果超出承受幅度和时间，很有可能使得动作变形，适得其反。

（四）踩了这些坑，你会后悔一辈子

我在前面不止一次提到自己在产后恢复上踩的坑，不仅当时非常难受，后遗症也让我叫苦不迭。产后急于减肥，在盆底还没有完全恢复的情况下就举重，导致耻骨伤痛。在孩子1岁半的时候，我因为髋关节积液住院，医生推测是因为长时间盆骨扭转（盆底肌没有恢复到位）和日常姿势不注意引起的。可见产后及时有效的恢复很重要，日常注意和保持正确的姿势同样重要。

到底哪些动作是妈妈们需要注意的雷区呢？我总结了以下3种类型：

第一种：不对称动作

对于妈妈尤其是产后的妈妈来说，不对称动作是需要避免的。比如说图方便就单手抱娃、单手拎重物、跷二郎腿、两只脚不对称站立，等等。我们的身体本身是对称的，这些不对称的动作会让我们的脊柱和盆底产生不对称的扭转，影响体态不说，还会导致身体酸痛和伤病。如果在不对称的情况下发力用力，就会让情况更加严重。不对称的动作我们无法完全避免，但可以经常注意自己的站姿、坐姿和用力时的姿势，问问自己：我站着的时候，两只脚是完全对称的吗？我坐着的时候，坐骨是不是对称稳定的？我在抱娃提重物的时候，使用的是身体一侧的力量还是两侧均衡发力呢？

不对称对作

顶胯站立 ✘

单手提重物 ✘

第二种：超限动作

超限动作，是指那些超出身体承受的力度、限度的动作。比如说我们拿一个离自己有两步远的东西，是选择手伸到极限把东西够过来，还是走两步路自然地把东西拿起来呢？如果你常常会为了图方便就去够东西，那么你的脊柱和盆骨也会发生位移和扭转，造成身体的损伤。同样，一些超出我们负重能力的活动，会让我们不自觉地调动身体其他的力量来"支援"，也会造成身体的扭转和变形。

超限动作

远距离够物 ✗　　　　　近距离够物 ✓

弯腰抱娃 ✗　　　　　蹲下身子抱娃 ✓

第三种：错用辅助性工具

生完孩子之后，我们的肚子不会马上恢复原形，甚至还是会跟怀孕五六个月一样。很多妈妈比较着急，用束腹带来收肚子。实际上，这样的操作不但达不到收腹的效果，反而影响身体的血液循环，阻碍产后恶露的排出，对内脏的恢复也会造成不良影响。如果勒得过紧，甚至会导致阴道膨出和子宫脱垂。

产后妈妈更需要使用的是盆骨矫正带，它能很好地帮助产后盆骨恢复，矫正体形。一般情况下盆骨带顺产后 2～3 天就可以使用，剖腹产需要根据伤口恢复情况确定，松紧适中就好，不用勒得太紧，每天戴 8 小时就好，尽量避免晚上使用。

第二节
塑身美颜篇

当我们提到一位女性美丽的时候，你会想到什么？面容姣好，身材匀称，甚至还会有一些更加具有画面感的词：肤白貌美、明眸皓齿、杨柳细腰、亭亭玉立……

可从怀孕开始，这些词离我似乎越来越远了。捏着自己肚子上的肉，看着镜子中逐渐枯黄的自己，我不由得担心自己会变成一个粗糙的"黄脸婆"。后来，我意识到那些形容美丽的词汇是外界的定义，并不是我的定义，我完全可以为自己的美丽下定义。筷子腿、A4腰并不是我要追求的美丽，身体线条匀称、面容乐观优雅才是我所向往的生命状态。当我站在镜子面前，看到那个匀称、浑身散发着光芒的自己，那份接纳和笃定会带给我足够的自信迎接生活中的一切美好和挑战。

如果这也是你想要的生命状态，却不知道如何实现，我会从四个方面跟你一起探索属于自己的塑身美颜之路。

（一）如何找到适合运动的时间？

生娃之前，我的运动条件是没有任何约束的，想要出去运

动就运动，想要运动多久就多久，几乎没有什么顾虑。生娃之后，我发现找到属于自己的运动时间和空间简直太难了。

在家运动，娃总是能够"恰如其分"地打断你的活动，不是嗷嗷叫你，就是跑过来捣乱。我做个瑜伽，他能在身上爬好几个回合；我跳个操，他总能成功站在你接下来要跳到的位置。尤其是在孩子秩序敏感期，如果我的某个动作没有符合他的预期，那么迎接我的就是一场天崩地裂一样的哭号，最后运动变成了一场无奈的安慰。等孩子睡着有了自己的时间，总觉得用来运动有点浪费，不如赶紧干点活。出去运动，时间好像也总是不那么凑巧。空闲时间总是出现在饭后，不是一个合适的运动时机。冷了、热了、刮风、下雨，似乎天气也总是不够合适。而且专门跑出去运动健身，内心总有点负罪感，仿佛自己不够有责任感，纠结之下只好作罢。

适合妈妈运动的时间和空间到底在哪里？

其实，当我们问出这样一句话的时候，是把自己的注意力放在了"问题"的维度上，如果我们把注意力放在"我想要"的维度上，你会发现，运动的时间空间都不是问题，关键是"我想要"。

当你真正想做的时候，没有什么会成为做不到的理由。想想看，你会因为孩子捣乱而不刷牙洗脸吗？刷牙洗脸是我们的生活习惯，我们会自动完成。把运动变成一种习惯，我们也能自动完成，我们可以把运动的优先级从之前的可有可无升级为每天必做事项。根本没有"适合运动"的时间，只有你想要运动的时间。

不过还是会有很多人被自己设定的限制吓跑：想要减脂必须运动 30 分钟以上；想要效果必须去健身房请专业教练；想要强化锻炼必须趁着下午四五点钟心血管最强的时间；想要舒服必须穿最合适的衣服……

这是不是你内心的小声音？

实际上，运动并不会花费我们太多时间，也并没有那么多限制。

我常常练习的八段锦，一套做下来只需要 10 分钟的时间，但是对于恢复精力的效果奇好，我的身体状态也在每天持续锻炼的过程中逐渐变好。肩颈不那么容易酸和僵硬了，肠胃消化也变得规律，身材维度虽然没有太大的变化，但整个人的气色也上来了，颜值自然也上来了。

HIIT（高强度间歇性训练）通常只需要 15 ～ 30 分钟，就能帮助我们快速燃烧脂肪，整个身体的代谢率在 48 小时之内都能保持比较高的水平。也就是说，做完运动之后的 48 个小时，哪怕你在睡觉，你的身体都在减肥，是真正的"躺瘦"。

与其迷信运动时长，不如培养自己持续运动的习惯。

如果你确实没有办法拿出专门的时间来运动，在日常活动中随时随地注意锻炼，也能起到锻炼的效果。这里给大家分享随时能瘦的 16 个字：能跑不走，能走不乘，能坐不躺，能站不坐。如果你能做到这些，自然会比之前消耗更多的热量。甚至

如果你能注意到，随时随地收紧腹部，都能消耗更多的热量，还能起到瘦肚子的效果。

当然习惯的养成不是一蹴而就的，我们可以逐步培养习惯。《掌控习惯》这本书提到了一个 2 分钟原则，也就是说，任何看起来困难的活动，简化成一个 2 分钟可以完成的动作，都可以轻松开始。如果你想要跑步，可以给自己设定一个换运动鞋的 2 分钟动作，一旦你换好鞋，自然会启动跑步的程序。另外，记录数据也是一个激励自己持续运动的好方法。我一般会使用固定的软件运动，每次运动都会有分数和消耗热量的积累，特别有成就感。有了正向反馈，我自然就更愿意积极运动了。

从现在开始，别再拿找不到合适的运动时间当借口了！现在立刻站起身，跳一跳，你就比别人多消耗了 21 焦耳，开启了持续运动的生活。

（二）适合妈妈的 4 类运动，你做到了吗？

我们运动的目的，主要是锻炼心肺功能、柔韧度、肌肉的耐力和力量。相应地，运动就被分为心肺训练、柔韧训练、平衡训练和力量训练 4 种类型。想要拥有活力满满的身体，我们需要合理搭配 4 种不同的运动类型。

心肺训练：

如果把身体比作一辆汽车，心肺训练就像是对发动机的保养。心血管疾病是所有致命疾病之首，足见心肺功能的重要性。判断这项运动是不是涉及心肺训练的标准很简单，如果你明显感觉心跳加快、呼吸急促，就说明你在进行心肺训练。对我来说，心肺训练是最累也是最过瘾的运动，因为心率上升，血液循环加快，我会不自觉地大口大口喘气，这种跟外界快速大量交换能量的感觉真的很过瘾，感觉自己的生命力也被点燃了。

像快步走、跑步、热舞、HIIT，都是典型的心肺训练，我们一周做 2 ～ 3 次，每次做 15 ～ 60 分钟都是可以的。心肺训练结束后，记得做一下肌肉拉伸和放松动作，晚上保证睡眠时长，第二天的精力会更加旺盛。

柔韧训练：

柔韧训练就是给我们加灌润滑油，让关节、肌肉、韧带和肌腱恢复弹性的过程。如果你的关节时不时就会咔咔作响，甚至感觉肌肉酸痛紧绷，甚至某些部位还有摸得到的结节，就说明你非常需要柔韧训练。在我看来，柔韧训练就是生命舒展的过程。我们之所以会觉得身体僵硬、情绪紧绷，很大程度上是因为我们生命状态也是僵硬紧绷的。柔韧训练可以帮助我们对"弹性"这个词有更多的理解。

瑜伽就是一项可以锻炼身体柔韧度的运动，还能提升肌肉的力量和耐力。八段锦让我们在碎片时间舒展身体，8 个动作刚好 8 分钟。还有运动软件上推荐的拉伸动作，都可以让我们的肌肉和关节变得柔软富有弹性。另外，泡沫轴或者是筋膜枪是放松肌肉纤维和筋膜的好工具，建议大家尝试一下。

柔韧性的训练既可以放在碎片时间每天坚持做，炒菜、等车的间隙就可以做几个简单的拉伸动作；也可以在晚上临睡之前作为一项放松活动，拿出专门的时间来做，在频次上没有特别的规定。只要你想放松，随时随地都可以。

平衡训练：

平衡训练就是我们对身体这辆车的底盘和轮胎的保养。生活中我们每时每刻都在寻找平衡，身体也一样。如果你总是感觉自己走路不稳、容易眩晕摇摆，那么你需要做一些平衡训练来稳固你的核心力量，提升你的平衡感。每当我觉得最近生活混乱、摸不到头绪，感觉失衡的时候，我就会做一些平衡训练来调整自己。

之前提到的一些锻炼核心力量和盆底肌的动作，都是平衡训练。除此之外，我们还可以借助工具锻炼自己的平衡能力，比如说瑜伽球、平衡球，哪怕只是在上面做静态深蹲，都能很好地锻炼自己的核心力量。

需要提醒一句，做平衡训练的时候，要尽量清空周围环境的杂物，避免重心不稳跌落到杂物上受伤。

力量训练：

力量训练就是对身体这辆汽车车身的保养。饱满的肌肉不仅是我们力量的源泉，也是帮助我们消耗身体热量的主力军。很多女性一听到做力量训练就会担心变成金刚芭比，实际上即使你想要练成大块肌肉，女性的身体成分和激素都会给你"拖后腿"，反而是做了力量训练会让我们的身体更加匀称，更有力量。尤其是觉得自己肩颈、腰背酸痛的妈妈，就更应该加强肌肉的锻炼，来缓解韧带和骨骼的压力。

如果你在健身房请私教制订健身计划，私教都会把锻炼心肺的有氧运动和锻炼肌肉力量的无氧运动结合起来。一些运动软件定制的训练课程，也是将两者搭配起来。

在日常活动中，我们可以自己设计多组有节奏的动作训练我们的力量。比如说小哑铃的推举、弹力带的拉伸、徒手深蹲，等等。跟心肺训练一样，我们不需要每天锻炼，每周做2～3次，给肌肉一个休息和恢复的时间，效果更好。

这4种运动类型我们可以根据自己当下的状态选择。

柔韧训练和平衡训练基本上每天都是可以做的，如果你时间比较紧张，做10～20分钟就足够了。如果你身体状态比较差，一周做2～3次心肺训练和力量训练就足够了。如果你希望快速瘦身，那么可以一周做3～4次心肺和力量训练。

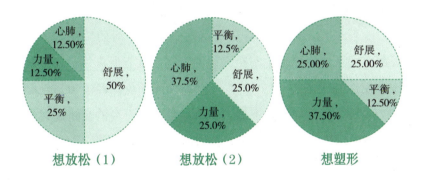

想放松（1）　　　　想放松（2）　　　　想塑形

运动项目有几百种，不需要器械的也有几十种，这些项目本身没有绝对的好坏之分。不管你选择什么运动，做多长时间，一定要量力而行，循序渐进，实时记录运动的状态，不需要给自己太大的压力，做到95%的舒适度＋5%的挑战就足够了。别忘了我们运动的目标，是拥有匀称的体型和饱满的精神面貌。

（三）快速塑身掌握两点就足够

你尝试过哪些塑身或减肥的方法？

节食？头晕了。

猛运动？变得又壮又胖。

要么不吃，要么猛吃？身体搞垮了。

去美容院抽脂？万一出现意外，得不偿失。

想要让身材和体重维持在健康的水平，其实没有那么复杂。掌握关键两点就足够了：控制热量、稳定血糖。

我们身体摄入的热量直接影响我们的体重。

一般来说，每天所需热量与性别、身体活动情况、体重等都有关系，不同理论对摄入量的计算公式有所区别，一般轻体力女性每天需要 62 78.778 ～ 8 371.704 千焦，轻体力男性是 8 371.704 ～ 10 046.044 千焦。简单地说，当摄入的热量超过身体需要的时候，就会"长肉"；摄入的热量低于身体需要的时候，就会"掉肉"。

曾经有个身高 158 厘米、体重 140 斤的妈妈跟我说，自己买了一整套减肥产品，每天坚持吃，没瘦不说还胖了 2 斤，很是生气，准备找卖家理论。我问她除了吃了这个减肥产品还吃了什么，她说自己每天正常吃饭，吃完之后吃减肥产品，最后再吃一把坚果，补充微量元素。我说："你正餐吃一大碗米饭，还要配上高热量的肉食，本身摄入的热量就已经不少了。减肥餐热量再低也是有热量的呀，你还要再补充一把高热量的坚果，难怪会胖。从今天起，你用手机软件记录一下自己每天吃的食物热量，把总热量控制住了，不用额外吃减肥产品也是可以控制体重的。"

　　一个月后，她告诉我，自己在没有吃减肥餐、没有大汗淋漓运动的情况下，通过热量记录软件控制热量摄入，调整了饮食结构，一个月轻轻松松瘦了 6 斤。

控制热量是调整体重最重要的点，问题是热量看不见摸不着，我们需要借助工具来精确评估。我们可以用手机安装一些专门计算热量的软件，健身运动软件也会有类似的功能模块，根据你的身体数据计算你所需的热量值，并且计算你摄入的热量。

　　在记录热量的时候，还有几个注意事项。

　　一是尽可能饭前做记录。饭前做记录，我们在吃的时候才会更谨慎。不过就算忘记了也不需要苛求自己，我们做记录的目的是对自己的摄入量做到心中有数，而不是用这样的方法来难为自己，偶尔忘记提前记录也没有关系。

　　二是数量不需要格外精确。毕竟我们不可能随时随地带着秤去吃饭，热量软件上会有不同食物相同重量的热量参考值，目测一下，有个大概判断就好。

　　三是尽可能用碗吃饭。哪怕你是在吃桌餐，最好把食物先夹到盘子里，这样才能更好地看到自己到底吃了多少分量，而不是一口一口大快朵颐。

　　四是学会看食品外包装。国家规定只要是独立售卖的食物都必须标注营养成分。其中"能量"一栏就是热量，一般要求

标注 100g 标准单位的热量，但也有些卖家标注的是单份的热量。
比如说某种小蛋糕，能量一栏对应的数值只有 570 千焦，看起
来不多吧，如果再仔细看看，你会发现这是单份 28g 的热量，
如果吃 100g 就是 2 036 千焦，相当于一顿正餐的热量了。

营养成分表			源源提示
每份 28 克（1 枚）			标准值是 100 克，这里只有 28 克。
项目	每份	营养素参考值	
能量	570 千焦	7%	
蛋白质	1.6 克	3%	重要的蛋白质实际上只有 1.6 克。
脂肪	8.2 克	14%	
– 反式脂肪	0 克		反式脂肪含量为 0，少了一些健康隐患。
碳水化合物	14.1 克	5%	别看吃着不咸，纳含量还是很高的，小宝宝不建议摄入过多的钠。
钠	48 毫克	2%	

　　这里要重点提醒一下各位姐妹，如果我们的身体处于以下
这些情况，是不适合通过控制热量来塑身的。比如说：

　　①脸色苍白，嘴唇几乎没有血色；②近两个月感冒 3 次以
上；③站起来容易发晕，甚至眼前发黑；④平时偶尔会有胸闷
气短的现象；⑤平均每周熬夜 3 次以上，而且每天的睡眠平均
睡眠下来不超过 5 小时；⑥有内分泌方面的疾病，比如说糖尿
病或者是甲状腺的疾病；⑦在哺乳期。

　　这个时候，先不要通过控制饮食来塑身，等身体恢复到健
康稳定的状态后，再适度调整摄入热量。想要增重，摄入量提
高到之前摄入量的 120% 之内；想减重，摄入量减少到之前的

80% 左右，是比较稳妥的做法。不要一次吃太多或者太少，这样我们的身体才能逐步适应新的分量。

除了控制摄入量，还有一个影响我们体重和脂肪含量的隐性指标——血糖。

血糖并不是平时吃的糖，而是指身体直接为我们提供能量的葡萄糖。血糖可以控制我们人体储存脂肪和燃烧脂肪的开关——"胰岛素"。如果血糖突然升高，身体为了消耗血糖就会分泌大量的胰岛素，把血糖转化成糖原或脂肪，并且抑制脂肪的消耗。想要"去油"，我们需要让身体的血糖水平保持相对的稳定。

到底如何评估血糖是不是稳定呢？看升糖指数（GI），也就是食物引起体内血糖变化的水平。升糖指数高的食物，会让我们的血糖水平急速上升，我们就会变胖；反之，升糖指数比较低的食物，能够让血糖水平更加稳定，也就不容易发胖了。如果你觉得上面这段话有点绕，记住结论：吃升糖指数低的食物不容易胖，也更有精力。

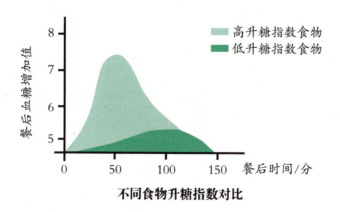

不同食物升糖指数对比

这张表列出了不同食物 100g 的升糖指数，其中升糖指数低于 55 的食物我都做了标注。这个表格是不是让你大跌眼镜？花生属于高热量食物，但是它的升糖指数却特别低，吃进去不会让人的血糖猛然升高，反而不容易让人发胖；倒是法国面包这种看上去很"健康"的食物，升糖指数其实特别高，很容易让人发胖。

不同食物 100g 升糖指数表

主食		鱼、肉		水果		淀粉类蔬菜		零食	
法国面包	93	蛋饺	75	西瓜	95	马铃薯	90	白糖	109
馒头	88	鱼板	71	荔枝	79	胡萝卜	80	巧克力	91
白米饭	84	贡丸	70	凤梨	65	红薯	76	蜂蜜	88
牛角面包	68	牛肚	70	葡萄	56	山药	75	甜甜圈	86
意大利面	65	鲔鱼	55	香蕉	55	玉米	70	薯片	85
麦片	64	培根	49	杧果	49	南瓜	65	鲜奶蛋糕	82
中华面	61	牛肉	46	哈密瓜	41	芋头	64	松饼	80
荞麦面	59	火腿	46	桃子	41	韭菜	57	苏打饼干	70
藜麦面包	58	香肠	45	樱桃	37	洋葱	30	冰激凌	65
糙米饭	56	猪肉	45	苹果	36	番茄	30	布丁	52
燕麦	55	羊肉	45	猕猴桃	35	苦瓜	24	果冻	46
全麦面包	50	鸡肉	45	梨子	32	小黄瓜	23	低脂牛奶	26
		牡蛎	45	木瓜	30	花生	22	酸奶	25
		沙丁鱼	40	草莓	29	海带	17		

想要塑身的你，控制热量，稳定血糖，持续做，一个月之后，将会看到一个蜕变的自己。

（四）吃对了，拯救你的颜值和发量

生完孩子之后，很多妈妈都发现自己的发际线越来越靠后，头发越来越少。甚至有妈妈说自己掉的头发都可以做一顶假发了。再加上生娃之后整个面部皮肤明显变黄变暗，黑眼圈也重了不少，着实拉低颜值。

我曾经尝试过很多坊间生发的妙招，比如说吃芝麻核桃，热量奇高还身体黏腻；涂抹各种生发产品，皮肤差点过敏红肿发疼发痒；多多睡觉少操心，感觉整个人昏昏沉沉的，更提不起精神来了。

雷没少踩，头发却没怎么长。至于美白，内服外用的各种美白产品除了让钱包凉飕飕，似乎也只起到了心理安慰的作用。直到后来我才发现，想要拯救发量和颜值，还是要从饮食下手。

英文里有句谚语叫"You are what you eat."就是指吃什么你就变成什么。

吃对了，胜过一切窍门妙招。

关于如何吃的问题，国家早就替我们想好了。根据《中国居民膳食营养指南（2016 版）》的建议，我们摄入营养素可以参考"211"原则，也就是 2 份蔬菜配 1 份肉类、1 份主食。

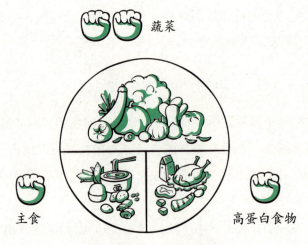

蔬菜

主食   高蛋白食物

摄入营养素 "211" 原则

　　蔬菜主要提供矿物质、膳食纤维和维生素，肉类主要提供蛋白质和脂类，主食主要提供碳水化合物。如果用手来丈量的话，就是每人每餐需要吃 1 捧蔬菜、1 掌肉类、1 拳的主食就足够了。

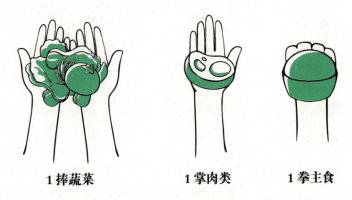

1 捧蔬菜　　　　　　**1 掌肉类**　　　　　　**1 拳主食**

　　此外每天需要喝 1 500 ～ 2 000 毫升的水（饮料不算），适度运动，促进新陈代谢，这样整个身体的状态就能得到提升，气色变好了，颜值自然就好了。

想要皮肤透白透亮、头发茂密乌黑，我们可以适度增加蛋白质和脂类的摄入比例。蛋白质可以提升我们的免疫力，让皮肤和头发变得有光泽富有弹性，比如说蛋白、豆类、瘦肉，等等。脂肪同样对于我们的皮肤、头发有非常重要的作用，还能帮助我们维持身体激素尤其是雌激素的稳定，对于女性而言特别重要，比如说蛋黄、坚果、动物内脏，等等。

第三节
健康家庭篇

　　作为家庭的女主人，搞定了自己的饮食运动习惯，就该考虑如何改善家庭成员的饮食运动习惯了。不过这可不是一件容易的事。经常有妈妈跟我吐槽，说自己刚了解到原来饮食要遵循"211"原则，准备好好调整一下家里的饮食结构，扭头一看厨房里放着老人刚买回来的肘子；前脚捏着老公肚子说一定要控制热量，后脚发了奖金，全家人一起出去吃了一顿大餐。想改变的决心很大，偏偏环境不给力，这可怎么办？

　　对于这样的情况，我主张逐步扩大自己的影响圈，先从自己可以独立决定的小事入手，比如说为全家做健康的饭菜，培养他们的饮食新习惯；带着孩子一起运动，让运动成为家庭新潮流；最后再带动全家健康生活。

（一）如何快速又健康地制作全家餐？

　　有妈妈跟我说，我平时工作带娃已经很累了，到了饭点我就只想随便应付两口。孩子在家就点个外卖，不在家的话我就随便找点东西吃。久而久之，身体也不好，孩子的饮食习惯也不好。有时候确实想自己动手做饭，又把握不住分量，更不知道怎么做才是健康的，一来二去就更加没有做饭的兴趣了。

让我们逐一破解这位妈妈遇到的问题。第一，时间不够。做饭时间分为准备和烹调的时间，想要提高做饭效率，我们需要缩短准备食材的时间，提高烹调的效率。第二，搭配不好。这需要我们提前预估食材分量，并且了解健康的烹调方法。

想要解决这两个问题，提前规划是关键。

如果下周要做饭，我会在周日提前规划好食谱，并且预估所需的食材分量。

一周食材预估表

时间	星期一	星期二	星期三	星期四	星期五	星期六	星期天	本周所需食材及分量
早餐								本周所需分量：
午餐								需要去超市购买：
晚餐								

每个家庭成员性别、年龄不同，所需要的食材分量也不一

样。在预估食材分量的时候，要考虑吃饭人的手的大小。比如说老公的一拳主食相当于我们的两个拳头大小，孩子的主食量只有我们的半个拳头大。男性和孩子需要的肉类更多，大概是他们手掌的两倍大；老人需要的肉量较少，比手掌略少一点就可以了。

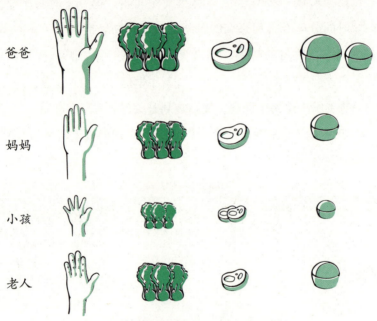

不同家庭成员所需食材分量对比

提前列食谱还有一个好处：再也不用在做饭的时候烦恼了。如果没有提前列食谱，上午 10 点我就会开始迷茫，先在炉灶面前发个呆，再去冰箱扒拉一遍，到 11 点也没拿定主意，最后只能下个水饺了事。相反，提前列好食谱，基本上半个小时就能做出够全家人吃的两菜一汤和主食。节约的时间和精力不是一点半点。

为了方便烹调，我会把食材分成单次使用的小份装。比如说要炒的肉片，我会提前切好，放到保鲜袋压成片状，用油性笔写上"肉片"放到冰箱，需要的时候用热水一冲就化开了。对于一些根茎类的蔬菜，比如说胡萝卜、西兰花，我会提前三天切成大一些的条块放到保鲜盒里，需要用的时候再切成细条小块。

这样一来，我可以直接取出独立的小份直接烹调，自然节省了很多准备食材的时间，而且不用反复打开大块食材处理，大大减少了食材跟空气中细菌的接触，更加卫生安全。

在烹调的时候，我们可以采取多线程工作的方式来提高做饭的效率。一般我们家里都是两个炉灶，其中一个炉灶用来炒菜，另外一个炉灶就可以做个汤。像我们家的电饭锅还有蒸煮的功能，有时候我为了节约时间会选择在上层蒸馒头、红薯，在下层做炖菜，定时结束主食和炖菜就都做好了。

定时器也是节约时间的好工具，需要控制时间的烙饼和蒸鱼，我会用机械定时器拧到设定的时间，节约了盯着炉灶的精力。（从厨房出来的时候一定要检查炉灶和电器，以免出现安全隐患。）

除了要快，我们还要健康。

想要全家健康饮食，在注意饮食结构的基础上，我们还要使用健康的烹调方式。中餐炒菜往往都是热油多盐，不仅会让炒菜的人吸入过多的油烟，温度过高的油还会破坏蔬菜的维生素，并且有很大的概率导致肉类产生酸败脂肪——一种让我们发胖致癌的脂肪。

从保留食物营养成分的角度来说，生食优于蒸煮，蒸煮优

于翻炒，翻炒优于油炸。考虑到饮食的安全以及老人孩子的消化能力，生食不是最佳选择，蒸煮食物是最推荐的方式。

如果要炒菜，控制用油量和油温非常重要，少油、快炒、低温更加健康。至于使用哪种油更加健康，众说纷纭，不同厂家提取食用油的方式也不一样，倒不如经常更换厂家和品牌，至少可以分散风险。

如果是其他人做饭的话，我们制作的食谱就能很好地派上用场。由于之前预处理了单份食材的分量，跟家里老人或者是阿姨说明食谱的时候，可以跟她们说明每顿饭大概每种食材需要用几份，当标准可衡量的时候，沟通起来就会顺畅很多。除此之外，我们可以把"211"原则的图和"一拳一掌一捧"的图张贴到冰箱或者是厨房明显的位置，用更加直观的方式来说明食物的分量。

（二）哪些运动适合亲子玩起来？

我曾经一度觉得娃是我运动路上最大的"敌人"。孩子小的时候，杀伤力还没有那么强，还是偶尔可以在家磕磕绊绊做运动的。孩子3岁之后，形势越发严峻。带着他一起运动吧，他做得未必标准，我还要花时间精力纠正他的动作，自己的运动效果大打折扣。不带他一起做吧，他会跟你生气，甚至还会跟你捣乱，谈运动效果就是奢望。

后来我转换了思路，既然孩子天生好动，倒不如"化敌为友"，带着他一起运动，既增进了亲子关系，又锻炼了自己和孩子的身体，何乐而不为呢？

想要把孩子变成我们的神助攻，首先我们要理解孩子的成长特点和"捣乱"背后的需求。无论是跟着我们做运动还是捣乱，孩子真正的需求是希望参与到妈妈的世界中。他好奇你的行为，想要通过模仿体验你的感觉。

趁着孩子好奇的时候培养孩子运动的习惯，事半功倍。从短期看，我们的运动效果确实因为分心打了折扣，但从长远看，孩子培养出来的运动习惯能更好地激励他们运动，为以后升学考体育科目也可以打下基础。牺牲一时的效果换来长远多重的效益，是不是很划算？

一开始，我会把重点放在培养孩子的运动兴趣上，比如说用一些夸张的声音和动作来吸引孩子的注意力，让他真正体验到运动和有趣是在一起的。再比如在跳舞的时候，一边跳，一边笑，孩子就会自然而然模仿；在练习瑜伽四点支撑的时候，让孩子玩钻山洞的游戏。这些都会极大地激发孩子运动的兴趣。

接着，我会逐步放手，把重点放在自己的运动上，逐渐让孩子认识到运动是需要投入和专注的。比如说瑜伽调息的环节，当孩子坐不住想要过来闹我的时候，我会请他把手放在膝盖上，一起深呼吸。我家孩子 3 岁的时候，就会有模有样地跟着我跳健身舞，还会跟着我一起盘腿坐在垫子上练习一些简单的瑜伽动作，有时候还会一本正经地问我："妈妈，你看我的动作做对了没有？"这个时候，孩子就已经认识到运动不只是嬉戏，也是有标准和要求的，会对运动有更深一层的理解。

有哪些适合亲子一起玩的运动呢？

对于还不会走路的孩子，亲子活动更多的是照顾孩子的需

求，一些基础的亲子律动操是很好的选择。比如说跟孩子相对而坐，拉着他的胳膊或者小腿，跟着音乐的节拍一起活动，这样一方面可以锻炼孩子的节奏和韵律感，另一方面也能起到活动我们肩颈的作用。另外，陪着孩子一起爬行，也是很好地锻炼自己的方式，不仅可以锻炼平衡协调能力，多爬几个回合还能提升我们的心肺功能（真的挺累的）。我们还可以参考一些亲子互动的绘本寻找灵感，跟孩子一起动起来。

对于已经会走路和模仿动作的孩子，能够选择的亲子运动类型就丰富多了，像健身舞、瑜伽、跑步等有氧运动，都是不错的选择。一开始我们要充分释放出老母亲的感染力。比如一边运动一边喊着节奏，带动孩子的积极性；故意做出夸张的动作，让孩子把运动和有趣联系起来；尽量选择动作相对简单的运动，便于孩子模仿。不过，在我们练习瑜伽的时候，像四点支撑之类的动作很容易引发孩子"骑大马"的兴趣，这个时候我们要坚决制止孩子的行为，告诉孩子："妈妈做运动的时候，你骑在上面是非常危险的行为，很容易一头摔在地上，我们就要去医院了。而且你这样做，妈妈的膝盖也会不舒服，请立刻下来。我们不如找一个有趣又安全的动作一起做吧？"

亲子运动收获的不仅是健康的身体，还有美好的亲子时光。一开始不要着急，逐步培养孩子运动的兴趣和习惯，你会发现"捣蛋包"就是你运动路上的"神助攻"。

（三）3招带动伴侣开启健康生活

对于很多家庭而言，想要全家健康地饮食和运动，最大的障碍来自老公。他们对自己的身材盲目自信，即使已经大腹便便也觉得不过是壮了点，质疑我们的健康观，甚至会认为养生都是伪科学。不仅如此，他们还会趁我们不备，带着娃一起吃高热量的零食，喝高糖的饮料，美其名曰"快乐解百病"。

如果把全家共同健康生活比作一款通关游戏的话，带动队友一起健康生活，绝对是难度最高的终极关卡。想要搞定伴侣，我们要有策略地带动他，一共分为3步。

搞定队友第一招：做好打"持久战"的准备。

人最难改变的是观念，处在亲密关系中的彼此，想要改变对方的观念更难。我家先生还算是比较配合的类型，即便如此，我还是花了接近3年的时间才算真正改变了对方的健康观。而这，在很多妈妈眼中已经是神速了。

所以，我们要从心理上做好打"持久战"的准备。不要太计较一时半刻的"胜利"。你的心情放松了，队友也不会有一种自己被管理的感觉，整个家庭的氛围也会更宽松。换位思考，如果你生活中每天都有一个人对你的饮食和运动习惯指手画脚，估计你早就暴躁了。同样，我们不用每天强调把运动变成习惯、饮食遵循"211"原则等，大家心情都比较轻松的时候提一下就足够了。

搞定队友第二招：引发兴趣。

每个人都有自己感兴趣的事情，队友也不例外。我们可以把健康生活跟他的兴趣连接起来，从而松动对方的观念。

拿我先生来说，他对科普极有兴趣，当我打算影响他

对于运动和饮食的观念时，我会有意无意地跟他探讨饮食运动的话题，请他做科学的研究和论证。队友果然顺利"入坑"，甚至有一段时间，我们家吃饭时间的话题就是研究食物的属性，哪种热量高，哪种升糖指数高，最后他还专门做了一期关于饮食的科普节目。随之而来的是我们俩的身体状态都比以前更好了。

有位妈妈跟我说，她的先生没有什么兴趣爱好，目前主要精力都放在了创业上，根本顾不上运动，饮食也不够健康，身体情况让她很担心。我建议这位妈妈跟先生聊一些热爱运动的商业大佬的例子，比如说万科创始人王石 52 岁登上珠峰、搜狐创始人张朝阳练习瑜伽等。让先生自己去感受良好的精力状态与商业成功之间的关系，从而激发他的行动力。刚好这位妈妈平时有晨跑的习惯，等先生有了运动兴趣之后，可以邀请先生一起运动，先鼓励他运动，再逐步调整他的饮食观念。

搞定队友第三招：构建体验。

真正的行动改变来自体验。当先生的饮食运动观开始变化的时候，他才能发现全家已经在健康饮食，妻子和孩子已经开始运动了。这些发现会进一步刺激他的观念改变，并且开启行动上的改变。

只要我们发出邀请，先生就会行动起来了。这个时候，一定要及时给他正向反馈，比如说："我观察到你最近每周运动三四次呢（描述事实），看着明显比前一阵子瘦了，精神头也好很多了（强化效果）。我也感觉很开心（表达情绪）。"让他把运动和积极情绪联系起来，进一步感受到运动带来的好处。切忌这样表达："你看，这不是明显比之前懒着不动的时候好了嘛，我就说你要运动，你看你看，就是瘦了吧。"这种评价过去的行为，还把对方改变的功劳加到自己身上的表达，绝对会踩雷，就算伴侣当时不反驳，内心也会非常不舒服，之后再也不会愿意响应你的任何建议了。

为了进一步增强行为改变的趣味性，我和先生一起玩了一个减肥打赌的游戏。

我们分别设立了关于减肥的两层目标，第一层是必须完成的目标，第二层是还可以再冲一把的目标，还有完成的时限。如果第一层目标没有完成要受到什么样的惩罚，当时先生写的是如果我完不成目标，就必须抱着孩子围着500米操场跑一圈。我本身臂力就比较小，一想到要抱着20多斤的娃跑500米，顿时感觉无论如何都要完成自己设定的目标。如果完成了第二层目标可以拥有什么样的奖励，我给自己写的是如果减肥成功，就奖励自己离开家出去玩两天一夜，完全暴露了我是一个热爱自由的老母亲。同时，我们还写上了我们减肥的意义，先生写的是拥有一个健康的身体，我写的拥有美好的身材和充沛的精力。

这样一来，目标、时限、惩罚和激励、意义这些要素就全都具备了。之后我把这些内容画成一张图，还添加了减肥的口号，并且两个人都签了字，按了手印。这张图贴到了我

们家非常显眼的位置，每次我们进门都能看到它，时时刻刻提醒自己注意饮食、运动和休息。

这样一来，我们就把一个看起来有点乏味的事情，变成了一个好玩的游戏。队友的参与积极性也非常高，最后我们俩都完成了第二层目标，不仅成功免受惩罚，还获得了一份自己喜欢的奖励。

减肥大计

我们的口号：享受健康生活，共建美丽明天！

_____（先生的名字）　　　　　_____（妻子的名字）

我决心减肥——	我决心减肥——
✧ 我减肥是为了：	✧ 我减肥是为了：
✧ 我的第一目标是：	✧ 我的第一目标是：
✧ 如果完不成，我甘愿接受（_____ _____）的惩罚。（由妻子填写）	✧ 如果完不成，我甘愿接受（_____ _____）的惩罚。（由先生填写）
✧ 我的第二目标是：	✧ 我的第二目标是：
✧ 如果完成，我可以获得（_____ _____）的奖励。（由先生填写）	✧ 如果完成，我可以获得（_____ _____）的奖励。（由自己填写）
承诺人：（签字盖手印）	承诺人：（签字盖手印）

这张模板仅供参考，我们还可以手绘一些好玩的图案，让这张图充满乐趣。全家总动员带着孩子一起玩起来，在游戏中实现运动的目标。

运动饮食推荐书目

这一章涉及很多关于运动和饮食的专业知识，上面分享的方法是我查阅了很多书籍之后，亲身实践验证过的方法，这些方法也在很多妈妈身上得到了验证。为了方便大家获取第一手的知识和信息，我列了一些运动饮食主题的书籍，供大家参考。

《盆底功能 12 周康复方案》

[德] 弗朗西丝·利斯纳著，北京科学技术出版社

看这本书的时候，我直拍大腿，遗憾自己没有早一点遇到这本书，看完之后我就立刻推荐给身边已经生娃的朋友。作者有接近 20 年解决盆底康复问题的经验，简洁又生动地告诉我们盆底肌群为什么这么重要，并且给了我们一套可以自己练习的盆底修复方案。不管你是在孕期还是产后，哪怕已经过了几年的时间都可以照着书学习和练习，如果你有女儿，也可以把书送给她，让她更好地保护自己。

《拉伸训练彩色图谱》

[西] 吉耶尔莫·赛哈斯·阿尔比尔著，人民邮电出版社

这本书是我的私教推荐给我的，里面不仅有身体各个肌肉群拉伸的动作，还有训练的等级建议，比如说初级做 20 秒，一共做 3 组就足够了，高级可以做 40 秒，一共做 5 组，一下子让人对训练量有了精确的标准。这本书还会提醒这个动作的适用人群、好处和风险，比很多只强调动作好处的书更加严谨。

《中国居民膳食指南 2016》《中国居民膳食指南 2016 科普版》

中国营养学会编著，人民卫生出版社

这是中国营养学会编著的关于饮食的权威书籍，感觉只介绍这一句话就足够体现这两本书的分量了。其中科普版更薄一些，也更加简单易懂。这套书用词严谨准确，而且专业度有保障，还有 6 条 48 个字的核心原则，非常精练。书的文字措辞走的是"亲民"路线，好读又好懂，绝对属于家庭必备。

《掌控》

张展晖著，北京联合出版有限公司

这本书的作者不仅拥有 10 多年的运动生涯，还是很多商界大佬的健身教练。这本书不仅有具体的建议，更提供了科学理论和数据的支撑。作者还特别实在地分享了自己在健身和精力管理的路上踩过的坑。其中如何科学跑步的章节介绍得非常详细，最后还有可以拿来就用的跑步适应提升训练计划，不仅可以让你对饮食、运动有更加全面的认知，更能让你轻松开启运动之旅。

小贴士：女性身体保养清单

最后跟大家分享一些我亲身实践，并且很多妈妈也反馈很有效果的身体保养小方法。这些方法都很简单，长期坚持你会发现每次别人见你都会惊呼你的气色怎么又好了。如果你希望自己能够保持好状态，而且越来越好，那么请给自己 3 个月的时间，坚持下去，使之变成好习惯，时间会给你答案。

（一）水一定要喝足

我们很多人都听过一天喝 8 杯水的说法，这里的杯子大小是 200 毫升左右，也就是每天喝 1.6 升左右。水喝足了，我们的新陈代谢才能更好地运转。喝水量与性别、体重和活动量都有一定的关系，一般来说男性要比女性喝更多的水，体重越重需要的水分越多，活动量越大需要的水分越多。在保证喝水量的基础上，我们还可以注意小口喝水，将喝水的次数均匀分布到一天之中。如果你觉得喝白开水没有什么味道，可以自制茶饮。红茶、普洱茶性温，不会导致身体寒凉，对女性比较友好。我比较喜欢白茶，主要是看中它"消炎"的功效。我偶尔会在春夏喝一些花草茶，味道更清爽一些。

至于市面上卖的饮料，即使标注 0 热量 0 脂肪，仔细看能量表和配料表，实际上也会有钠、代糖、防腐剂等各类食品添加剂，对健康无益。咖啡和啤酒看起来是液体，实际上却有排出身体水分的作用，不能起到补充水分的效果。

（二）每天温水泡脚

我的切身体会是，如果这个月几乎每天都用温水泡脚，明显感觉身体的状态会好很多。泡脚是一个循序渐进的养生好习惯，其中水温是最需要注意的点。我曾经特别喜欢用非常热的水泡脚，15 分钟下来整个脚就像是刚用开水褪过毛的猪皮，又红又热。后来我才知道，水温过高会导致"火气"上升，难怪自己泡完脚反而常常喉咙疼、脸上起痘。

关于泡脚桶，我试过各种样式，太高的搬起来不方便，没电的需要一遍遍加水太麻烦，各种花哨的按摩功能其实也用不了几次。最后返璞归真，使用最普通的电动泡脚桶。泡脚的时间其实没有特别的要求，哪怕你中午泡都是可以的，不一定非得放在睡觉之前。一旦你放下了泡脚必须安排在临睡之前的执念，你会发现这件事更容易持续做下去。

（三）时刻注意保暖

作为女性，我们确实有时不得不为了穿着得体牺牲温度。但绝大多数时候，我们一定要注意保暖。我国古代名医张仲景认为病的本源来自伤寒。从我的体会来说，注意保暖确实可以提高身体的免疫力，只要我能保证每天身体都是暖暖的，即使是发生流感我也能幸免。甚至当我有时候腰背不太舒服的时候，在电热敷袋上躺一会儿或者去泡个温泉，就会有明显的好转。生理期的时候，用温暖伺候好"大姨妈"也是非常重要的。只要不是必须穿得很单薄的场合，我都会把自己包裹得很严实，即使是夏天也会随身带一件长袖外套。如果某些场合实在不能穿太厚，我会在腰背、肩膀、肚子这些容易受寒的部位贴上暖宝宝贴，防风又加热，人也不会太臃肿。

（四）给自己办张按摩卡

我一直有做按摩的习惯，其实最开始是为了解决肩颈酸痛的问题，后面才知道根本的解决方法是运动增加肌肉力量。不过按摩的习惯还是保留了下来，作为爱自己的一种方式。我曾接触过一个妈妈，她每周三中午专门开车去做按摩，雷打不动。在她看来，虽然牺牲了一个午休时间，但做按摩的体验会让她整个身心都放松下来，这也是她放空自己、爱自己的方式。按摩机构最重要的是距离近，否则你的卡大概率会浪费掉。另外还要提醒一点，大部分美容美体机构并不具备行医资格，我们做按摩的目的是舒服放松，至于"正骨""盆骨修复""针灸治病"这些治疗性质的需求，建议在正规的医疗机构寻医问诊。

（五）适度使用精油

我个人是精油爱好者和使用者，会时不时地在香薰机滴几滴精油净化空间，也会使用精油护肤和按摩身体。精油散发出的天然香气会让整个身心都特别放松。之所以说"适度"，是因为精油本身是植物的高浓度提取物，用量过大会造成眩晕恶心；同时，精油本身属于农产品，产品标准和质量判断不够明确，在选择的时候需要谨慎，避免被骗使用劣质精油。另外，有些精油在怀孕、哺乳期和生理期是不能使用的，还有些精油是不能用在孩子身上的，购买之前一定要咨询专业人士，了解精油的使用方法和禁用场合。

第四章

Mind：调整精神状态
——不内耗，积极生活
更快乐

如果说什么可以让一个人瞬间丧失所有的能力，负面情绪绝对有这样的威力。偏偏在妈妈的生活场景中，情绪爆发是一件发生频率极高的事。

一看到老公葛优瘫就来气，一看到孩子不听话就炸毛。

一想到没有做完的事情排山倒海地扑过来，整个人都不好了。

有时候只是一件小事，就会成为点燃"火山"的导火索。等到回过神来，发现"火山喷发"造成的后果已然无法挽回，然后我们又陷入后悔的情绪中，结果不仅发火伤身，事后自责的情绪又对身体造成二次伤害。

很多妈妈说，她们也不想变成家里的"母老虎"，偏偏只有发脾气这个方法有用，而且情绪一上头，之前学的什么情绪管理的方法都不如直接吼一顿好使。有些妈妈则完全相反，她们不知道该如何释放自己的负面情绪，只能独自压抑承担更多，最后身心俱疲。

如何才能更好地管理情绪，调整自己的精神状态，是我们这章试图探讨的话题。妈妈是一个家的能量中心，一个阳光的妈妈会让全家都生活在积极饱满的氛围中；一个充满抱怨、暴躁情绪的妈妈，她的孩子和丈夫会每天生活在一团灰蒙蒙的低气压中。当我们能够理解情绪会以什么样的姿态出现、如何发生，就会对生活有更多的掌控感。当我们了解如何与情绪共处，并且培养自己正向情绪的时候，我们也就能够发挥出女性独特的情感优势，让自己和身边的人时刻生活在一种幸福的环境中。

测试：你的情绪管理能力在哪一级？

我们先来测试一下你的情绪管理能力在哪一级。

1. 每次孩子不听话、老公不给力，我就忍不住火冒三丈。

2. 负面情绪爆发的时候，我完全控制不住自己。

3. 我很难心平气和地过好一天，总有些事情让我不爽。

4. 情绪不好固然不对，但有时候真的是其他人的问题。

5. 每次情绪爆发之后，我都会特别自责，觉得自己很不对。

6. 我有时候会自己默默消化掉所有的负面情绪。

7. 我要花很长时间才能消化掉自己的坏情绪。

8. 我一直在寻找消除负面情绪的方法。

9. 情绪不好的时候，我会忍不住抱怨外界环境和其他人。

10. 我的情绪波动幅度非常大，要么超级开心，要么超级低落。

如果有 3 条以上符合你现在的状态，那么你的情绪管理能力还有待提升，需要重新升级情绪管理系统。

第一节
为什么你总是忍不住要发脾气？

有一本绘本叫作《大嗓门妈妈》，讲的是妈妈吼完孩子之后，孩子的反应和感受。书上有一段话是这样的：

> 今天早上，妈妈冲我大声吼叫，那声音，把我震得四分五裂！把我给震碎了……我想寻找，但眼睛却在宇宙里；想大喊，但嘴巴却在山顶上；想飞翔，但翅膀却在热带雨林里。

故事的最后，妈妈把散落在各处的碎片重新拼成了孩子的样子，并且对他说对不起。很多妈妈读完这个故事之后，都会陷入沉默。从来没有一个妈妈想要用吼叫的方式伤害孩子，可当情绪控制不住的时候，似乎吼叫就成为唯一的表达方式。当孩子一次次被震成碎片，一次次再重新缝合之后，他还能是曾经的模样吗？

当你打骂孩子的时候，他不会停止爱你，但会停止爱自己。如果你曾经是一个无法控制自己吼娃的妈妈，那么现在就是改变的最好时机。

（一）娃为什么总是"不听话"？

如果你问妈妈们为什么会生气，得到的答案大概率是"孩子不听话"。但细问下来为什么不听话，答案却五花八门。

小青跟我吐槽她的经历，上一个星期她急着带 5 岁的孩子看病，门都打开了才发现孩子在玩具堆里挑选小汽车，说要带着一起出去。问题是他选的汽车差不多有一个篮球那么大，带着去医院根本不现实，劝也劝不动，最后把娃吼了一顿才出门，结果专家号也没排上，白耽误了一上午时间，气得她当场把娃收拾了一顿。

等心情平复下来，她感觉特别后悔，发誓下一次一定要跟孩子好好说话。没想到过了几天，她带着孩子去动物园，心想时间还早，就先收拾了一会儿房间，衣服还没叠好，孩子就哼哼唧唧地催着她出门，等她洗脸的时候，孩子直接大叫起来，搞得她没擦防晒霜就出门了。在动物园晒得心烦气躁的她，再一次吼了孩子，脱口而出："烦死我了，我都不想要你了！"孩子直接吓哭，好哄歹哄才稳定住孩子的情绪。之后她又是后悔，又是困惑：为什么孩子总是不听话？总是跟自己对着来？

很多妈妈也有跟小青类似的感受，好像你越想让他快点，他越慢；你想让他往东，他偏要往西走。其实不光你苦恼，孩

子也同样困惑：自己到底怎样做才是对的呢？

我请小青换一个视角来回放刚才的故事，孩子的眼中会是一个什么样的经历呢？

> 对于 5 岁的孩子来说，去看医生是一件非常可怕的事情。他想拿着玩具，是希望小车车给他一些勇气和力量。可是妈妈不知道，催他快点出发，还不让他带玩具，去了医院也不知道怎么回事，就被教训了。原来出门的时候要快快的，妈妈才不会生气。等去动物园的时候，他就想着很快很快地出门，这样妈妈就不会生气了。可是妈妈似乎还是不开心，还说不要自己了。

所以，出门到底是要快一点呢，还是慢一点呢？

当小青切换到孩子眼中的故事版本，才意识到自己从来没有跟孩子好好沟通过，只是要他做这做那，却没有解释清楚做的原因。在她心里，大人的决定是综合考虑过的，肯定比孩子的想法好，不需要做解释，孩子听话就好。

可听话的人生，是我们希望带给孩子的人生吗？

与其因为孩子不听话而生气，不如问问自己：

你希望孩子拥有独立思考的人生，还是"听妈妈的话"的人生？

（二）你在借机泄愤吗？

在我写这本书的时候，曾经把书的目录拿给一些妈妈看，问她们对哪些话题更有感觉。其中一个妈妈对我说，当她看到"你在借机泄愤吗？"这个标题的时候，心里忍不住"咯噔"一下，有种小心思被戳破的感觉，好像自己确实有些时候发脾气是在借题发挥。

很多人说，生气这件事根本没办法控制，但真的是这样吗？

> 或许你有过这样的经历，前一秒还在跟老公吵得不可开交，感觉无法抑制的怒气快把整个人点燃了。就在这个时候，电话铃声响起，你一看是孩子学校的老师打过来的，顿时心里一紧：是孩子最近学习跟不上，还是闯了什么祸？于是你拿着手机，狠狠瞪了老公一眼，然后走到卧室按下接听键，微笑着问老师："老师您好，我是××妈妈，请问您找我有什么事吗？"

很多人生气，会说生气的时候完全控制不住自己，但如果仔细回想，很多时候，我们都可以做到在不同的场合对着不同的人，快速切换自己的情绪。去餐厅吃饭，前一秒拧着眉头对服务员说，再不上菜就不要了；后一秒继续跟朋友谈笑风生。带着孩子出去玩，前一秒瞪着孩子说，再哭一下试试；后一秒对路人微笑让对方先通过。

与其说是我们控制不了情绪，不如说我们把情绪当作自己表达的武器。这背后隐藏的信念是：当我生气了，情绪过激的时候，对方才能意识到这件事的严重性；所以，为了让对方按照我的想法去做，我必须生气给他看。坏情绪就是一把伤敌

八百自损一千的利器，看起来你用愤怒、抱怨控制了对方，但这些情绪也会同时伤害你们的关系和自己的身体。

当你把情绪发泄的武器展示给孩子的时候，孩子也会学到"原来发脾气就能得到自己想要的"。你就把这种情绪管理模式传递给了下一代，甚至下下一代。

想要扭转这样的局面，你可以想象自己有一张情绪地图。

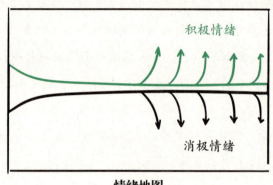

情绪地图

路往上走是积极情绪，对应一个剧情；往下走是消极情绪，对应的是另外的剧情。当你忍不住想要向下走发脾气的时候，留 1 秒钟问问自己，我想要什么样的人生版本？

（三）你看得到自己的卡点吗？

《圣经·马太福音》有这样一句话："为什么看见你弟兄眼中有刺，却不想自己眼中有梁木呢？"当我们用食指指责别人过错的时候，剩下的四个手指头，其实在指着自己。

现实生活中，我们往往会听到这样的表达："我本来不想发脾气，一看到老公躺在沙发上偷懒，我的火就忍不住了。""我们家娃就是一个不打不服气的性格，非要把他教训一顿，他才能知道里面的厉害。""我婆婆真的很难对付，什么事情都想插手，我这次真的是忍无可忍了。"似乎自己遇到的困扰和情绪都是别人引起的。但如果我们将这些表达拆解一下，会发现其中暗藏着许多"论断"。看到老公躺在沙发上是偷懒，"躺在沙发上"是事实，"偷懒"是我们提前做出的结论。我们之所以生气，不是因为事实，而是先做出判断结论，再做出相应的反应。

在心理学中，有个情绪 ABC 理论，是指在激发事件 A（Activating Event）和情绪行为后果 C（Consequence）中间，还藏着一个信念 B（Belief），这个 B 才是造成我们情绪行为的根源，当我们意识到信念的存在，才能在时间和行为之间拉开暂停的空间。

老公躺在沙发上看手机，你会有什么反应？

事件 A	老公躺在沙发上看手机
情绪行为 C1	生气； 冲老公发脾气，把他最近的所作所为都数落了一通
隐藏信念 B1	从来不顾家，一回家就葛优瘫偷懒。 我早就对他不满意了，借这个事说个痛快
转换信念 B2	老公很辛苦，回到家力气都没了
情绪行为 C2	体谅； 给他端一杯水，等他状态比较好的时候再跟他聊聊最近的事情

孩子一直在看平板电脑，你会有什么反应?

事件 A	5 岁的孩子已经看了 1 个小时的平板电脑，跟他提醒了 3 次还没关上
情绪行为 C1	冲过去把平板电脑夺过来，孩子大哭就一边凶他一边打了他一顿
隐藏信念 B1	我已经给了他机会，是他自己不珍惜。 不打孩子他听不进去
转换信念 B2	孩子可能没有理解关上平板电脑的意思。 孩子没有意识到长时间看电脑的危害。 他需要一种更直观的方式来理解我希望他做什么
情绪行为 C2	理解; 学习思考更有效的方式来教育孩子。 找个近视的危害和预防的动画片跟孩子一起看，讲解休息眼睛的重要性。 买一个机械番茄钟跟孩子约定时间。 清楚地告诉他到了时间就要把平板电脑关掉

通过上面的表格，你可以看到，当我们觉察到自己内在信念，并且转换成更加积极的信念之后，你的情绪和行为也会随之改变。

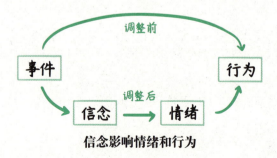

信念影响情绪和行为

《道德经》有这样一段话:"知人者智，自知者明。胜人者有力，胜己者强。"了解自己，战胜自己，我们才是真正开明通达强大的人。想要做到这一点，我们平时可以多做跟自己对话的练习。

1. 我遇到了什么事？这件事是如何发生的？

2. 哪些是事实，哪些是我做出的判断？

3. 当我选择这样做的时候，我内心认为什么才是正确的？

4. 我判断事情正确与否的标准是什么？

5. 还有没有其他的选择？

当我们不断检视自己信念系统的时候，也是不断升级自己情绪行为处理系统的时刻。

第二节
与情绪共舞，安装能量转化器

提到情绪，我们用得最多的一个词就是"管理"。好像我们跟情绪的关系是对抗式的，不是我们把情绪拿捏得死死的，就是情绪把我们控制得动弹不得。作为女性，当别人为我们贴上情感脆弱易波动的标签时，我们更是觉得情绪不是好东西，洪水猛兽必须关到笼子里。如果跳出别人的想法，我们会看到对情绪情感有感知力，并不是我们的弱点；相反，这是我们的特长。

我们要做的不是管理、不是压抑，而是与情绪共舞，变得更舒展、更柔软。唯有这样，才能真正释放出我们内在的生命力，成为内在外在都强大的自己。

（一）分辨情绪，才能管好情绪

在绘本《我的情绪小怪兽》里，关于不同的情绪有非常具象的描述。

"这是快乐，它像太阳一样发光，像星星一样闪烁。当你快乐时，你笑啊，跳啊，舞蹈啊，玩耍啊，你想把那种感觉，跟每个人分享。"

"这是忧伤，它温和而轻柔，像雾蒙蒙的下雨天。当你忧伤时，你也许想哭，或者想一个人静静地待着。"

通过这样的描述，我们对不同的情绪有了更加细致具体的辨别能力。有科学研究证明，一个人对情绪的识别能力越强，这个人管理情绪的能力就越强。情绪识别能力包括体验情绪、描述情绪并且为情绪命名的能力。

比如说，有时候当自己的孩子是学渣的时候，看到其他学霸孩子，心里会忍不住升腾起一股烦躁的感觉，脸也会感觉有点发热，嘴会不自觉绷起来，这都是我们对情绪的体验。我们感受到自己情绪变化并且把这些体验表达出来的过程，就是在描述情绪。这种情绪我们命名为焦虑，或许还夹杂着觉得没有把孩子培养好的自责，甚至还有嫌弃老公拖后腿的烦躁。

当我们能够识别出自己情绪的变化，并且叫出情绪名字的时候，情绪带给我们的负面影响也会大大减弱。这就像是童话故事里当主人公叫出怪兽的名字后，怪兽的邪恶能力就会消失一样，学会识别自己的情绪，情绪带给你的莫名影响也会随之消退。

我们如何提升自己的情绪辨别力呢？

一方面，我们要善于观察自己情绪和身体感受的变化。情绪本身是不好觉察的，但身体的反应却很诚实。比如说呼吸有没有变得急促，头皮有没有发麻发疼，脸颊有没有发热，嘴巴是绷起还是微笑，眉头是不是皱着，等等。这些身体反应都是

我们情绪变化的信号。

另一方面，我们要积累一些描述情绪的词汇。积极情绪词汇，包括开心、安心、感激、平静、活泼、好奇、兴奋，等等，都可以增强我们对于美好感受的体验；消极情绪词汇，包括害怕、气愤、焦虑、灰心、忧郁、憎恨、无助，等等。当我们把它们说出来之后，这些情绪的负面影响也会随之消散。

学会建立自己的情绪数据库，把自己的身体反应与情绪词汇联系起来。当下一次再出现类似的情况时，我们就能快速判断自己的情绪到底是什么，出了什么问题。

（二）负面情绪一定是坏东西吗？

作为妈妈，我们的情绪状态就是家庭的晴雨表。乐观积极的妈妈就像是家里的太阳，让每个人都暖洋洋的；消极暴躁的妈妈就像是家里的飓风，走到哪里都寸草不生。

话虽如此，但这并不能成为我们压抑自己情绪的负担。我们真正要探讨的是，如何看待负面的情绪。

实际上，负面情绪有它存在的意义。人类的祖先生活在野外的时候，只有那些更容易焦虑自己的生命安全、害怕被野兽吃掉的人，和那些更暴躁地对待凶猛敌人的人才能活下来，把基因延续下去。从这个角度讲，我们每个人都是对负面情绪感知力更强的人的后代。

生气能够让我们充满威慑力（这也是很多人惯用的表达手段）；

恐惧能够让我们停下来思考；

后悔能够带给我们更多反思和提升；

孤单可以让我们有一个自己独处的空间，在这个空间里面更好地和自己对话；

焦虑可以激发出我们的行动力和斗志；

……

当我第一次听到这种说法的时候，心里的某个部分仿佛融化了，有种被接纳的感觉。原来生气的我、恐惧的我、后悔的我、孤单的我、焦虑的我，都是我的一部分，都是被允许、被接纳的。

如果说奔向幸福的路上，渴望、热爱、积极都是在前面拉着我成长的力量，那么悲伤、恐惧、焦虑这些负面情绪就是从后面推动我前进的力量。我要做的，不是评判自己的负面情绪，进而否定自己的全部，而是想想当我处在这种负面情绪中时，我该如何将负面情绪转化成向前的动力。

我们家小朋友今年 4 岁，是很容易生气和哭的年龄。我常常会跟他玩一个能量变变变的魔法。每次他因为做不到某件急得哭的时候，我就会故作神秘地对他说："我猜你是因为积木没拼好才着急的吧？我也很着急。我有一个魔法可以分享给你，能够让你获得神奇的力量，你想不想试试？如果你现在念'哭哭力变智慧'，闭上眼睛念 3 遍，你看会发生什么？"

在多数情况下，我们家小朋友会眼角还挂着泪，就闭上眼睛做祈祷状，念念有词："哭哭力变智慧、哭哭力变智

慧、哭哭力变智慧。"然后他的状态就会好很多，还会问我："妈妈你看看我智慧长出来没有？"同样的咒语还有"生气力变勇气""害怕力变仔细"。

这样的游戏都能帮助孩子更好地认识情绪、接纳情绪和转化情绪。我们也能从中学到作为成人如何处理自己的负面情绪，不需要否定它、消灭它，而是把它转化成我们积极向前的动力。

还有一点需要提醒的是，女性处在孕期和哺乳期时，身体的激素水平会影响我们的情绪，不是每个人都会有孕期暴躁和产后抑郁，但当这样的情绪到来的时候，勇于承认，学会接纳，也是我们作为妈妈要修炼的功课。

（三）你懂得释放自己吗？

少量的负面情绪我们可以转化成正向积极的力量，但当大量的负面情绪奔袭而来的时候，想要压制情绪无异于直接用双臂抗洪，只有被情绪吞没的结局。当情绪扑面而来的时候，我们也要学会排解和释放自己的情绪洪水，让水面重新恢复平静。

问题是在现实生活中，很多妈妈很难找到排解情绪的出口。跟同事说，担心影响自己的职业形象；跟朋友说，说不定变成了一场比惨大会；跟老公说，他不添把火就已经不错了；想要出门走走静一静，又发现上班没时间，下班没空间，想找个让自己放空的地方都很奢侈。到底如何做才能释放出自己的负面情绪呢？

在这里，我分享 3 个方法。

第一，寻求支持，表达情绪。

很多人觉得找别人倾诉没用，是没有掌握倾诉的秘诀。在找别人倾诉的时候，我们要首先明确自己的目的，甚至可以明确提出你的需求。

拿我们向老公倾诉的场景举例，很多女性在跟老公倾诉自己情绪的时候，内心想要的是老公的安慰和情感支持，并不需要他真的为你出主意，也并不是想要借这个机会控诉他。这个时候，我们就应该开门见山跟他说："我现在感觉特别难过（直接表达情绪），想要请你安慰安慰我（提出明确需求）。"然后再描述事情发生发展的经过。这样一来，你的情绪得到了释放，同时对方也知道如何支持你。

最容易翻车的场景是，你明明心里想的是诉诉苦，寻求情感支持，话到嘴边变成了这件事我不知道该怎么办（寻求解决方案）。对方的注意力一下子就被"怎么办"吸引走了，于是千方百计给你出主意，让你觉得对方根本不理解自己，然后忍不住回想起某些陈年往事，最终升级为对方根本不爱你。表达情绪的目的没达到，还破坏了夫妻关系。

同样，当我们寻求其他人情感支持的时候，也要主动明确自己的需求。我们也要清楚自己与倾诉对象之间的边界，朋友可以更敞开一些，同时在工作场合要尽可能克制地表达自己的情感和需求，面对专业的咨询师和教练，我们则要给对方足够的信任，才能获得自己满意的结果。

第二，消耗体力，释放情绪。

当我们的情绪感受到达峰值的时候，不妨尝试用消耗体力

的方式来释放情绪。比如说跑步、健身、跳舞，甚至摔枕头、大吼大叫，都是将情绪能量转化成身体能量释放出来的过程。

　　我曾经在《生命的重建》一书中读到作者的一段实际经历，她的肩膀有段时间非常疼，有一种被火烧的感觉。她相信身体这样的情况一定是某种愤怒没有释放出来的结果，然后她坐在床上捶打枕头，当打到第 12 下的时候，突然间她知道自己为什么会出现这样的情况，于是她开始更加用力地捶打枕头，从身体中释放出愤怒的情感，第二天她的肩膀就好多了。

　　当时我刚好有种脖子发酸的感觉，于是也试着坐在沙发上捶打抱枕，大概过了两分钟，我突然间哭了起来，我发现自己承受了太多的压力，养育孩子的、工作的、来自家人的以及外界对我的评价……我大哭了一场，然后发现我的脖子真的没有那么酸痛了。

这就是压抑的情绪被释放出去的结果。

第三，培养爱好，放松情绪。

我们还可以借助兴趣爱好来放松自己的情绪。

　　我认识一位妈妈，她曾经非常容易抱怨、生气、焦虑。后来她接触到画画，整个人开始变得舒展松弛很多。她自己说，没有什么是画一幅画解决不了的，如果有，那就再画一幅。渐渐地，她的画画技能有了很大的提升，获得了更多人的认可，她从画画中得到了更多的滋养。

培养一个兴趣爱好是放松滋养情绪的好手段。尤其是对于女性来说，我们更容易被美好的事情吸引。有的妈妈会演奏尤克里里，她在满足自己情感需求的同时，也影响了孩子对于音乐的兴趣；有的妈妈喜欢画画，她的孩子也像小精灵一样对画面有天然的感知力；有的妈妈喜欢精油，总能给人一种舒服的感觉。我有很多爱好，比如说绘本，我在陪伴孩子读绘本的过程中，绘本图文绝妙的配合会对我也有所启发，我的精神也得到了滋养。

我们可以主动培养一个爱好，当情绪不对劲的时候，把精力暂时转移到爱好上，放松自己的情绪。

第三节
积极正向是一种可习得的能力

当我们能够识别情绪，并且学会与情绪共处之后，我们还要拥有塑造积极正向思维的能力，让自己的状态稳定在正向的频率上。

我曾经以为性格都是天生的，易燃易爆炸的性子永远都改不掉。但当我意识到原来积极正向是可以通过练习塑造的，我身上易燃易爆炸的特质被转化成了更强的行动力。主动雕琢自己的性格情绪并不是抹杀天性，相反，通过不断修正和练习，我们的特质能够更好地呈现，变成一道积极的光，点亮自己，点亮孩子和世界。

（一）勇于对自己负责

我接触过很多状态不是很好的妈妈，跟她们聊天的时候，她们说得最多的话就是——

"孩子打扰了我，让我不能工作。"
"老公不帮忙，搞得我自己的事情都做不成。"

"最近经济不景气，我们公司都开不出钱来了，我现在经济压力特别大，特别被动。"

这个时候，我会邀请她们来看一看，这些问题是真实存在的，还是自己的感受。

她们的第一反应就是，这当然是真实存在的了。

如果拆分来看，孩子在她工作的时候找她，确实是事实，可"让我不能工作"这件事，其实是她的感受。在她心目中，孩子的打扰是她不能工作的原因。难道想要工作，就真的没有别的方法和选择了吗？

让我们停下来回想一下，你是否也会出现这样的表达：

"都是因为……我才……"

"我现在……还不是因为……"

"反正大环境就是这样，我也没有什么办法。"

……

这样的表达，是一种受害者思维。当她怪罪外界的时候，其实也是把自己生命的主动权放在了别人的手上。如果你想要找回对生命的掌控感，就要勇于承担属于自己的责任。

改变信念的起点在于改变自己的语言。

比如说，对于初产妈妈而言，接受现实并且拥抱它就是对自己最大的负责。真正的产后生活总会跟我们想象的不太一样，甚至更差。这个时候试着放下所有的预期接受它，接受碎片休

息和身体疲惫的设定，再思考自己如何改善。

消极表达和积极负责的表达对比

消极表达	积极负责的表达
孩子就是不睡觉，我已经没有办法了	我可以再试试其他的途径
我应该做一个全家人称赞的好妈妈	我可以选择做自己心目中的妈妈
我就是暴脾气，产后就是容易不高兴	我可以选择发泄还是调整自己
我老公太讨厌了，一点都不体谅我	我选择自己照顾好自己

转换语言风格并不是一件容易的事，我们可以随时察觉，甚至请身边的人提醒自己，替换掉自己受害者的表述方式，从替换掉 10% 开始，一步一步塑造一个积极正面的思维。

当我们开始改变这种表达方式的时候，你会发现你的孩子、伴侣也会开始变化。孩子会更勇敢，伴侣会更负责，这就是你所创造出的新的积极生活。

（二）管理你的关注点

一位妈妈对我说，自己每天全职带娃，从来不看手机，陪孩子读书游戏，一天三顿饭不重样，偏偏孩子长得有点瘦。有一次别人随口问了一句："你家孩子怎么这么瘦？你是怎么当妈的？"这句话有一点开玩笑的成分，但她当场就感觉胸口一股闷气。每次看到孩子瘦瘦小小的样子，都会忍不住想到这句话，足足过了三个月才缓过来。她说，自己事后想想其实也没有多大的事，但就是忍不住会想，一想就郁闷。

这位妈妈把关注点放在了负面信息——"孩子瘦小"上，于是无限放大这个信息，完全忽视了孩子其他方面的长处。这样就形成了一个恶性循环，越是关注不好的事情，这个不好的事情就越会影响心情，于是不好的事情越来越多，造成了自己情绪上的极大内耗。

我们的关注点就是一架放大镜，会把我们关注的事情无限放大。想要让自己稳定在积极的频率，我们要把放大镜移到积极的事情上。

当你意识到自己状态不对的时候，可以停下来观察一下，自己是不是把注意力放在那些消极的、会消耗你的事情上了。如果是，及时喊停，提醒自己多观察、多记录积极的事情，你的能量状态自然就上来了。

也有些时候，我们真的会控制不住把关注点放在精力消耗区。我的办法是为自己设定一个截止时间。截止时间之前，释放出自己所有的负面能量；等过了截止时间，我会对自己说："这件事过去了吗？继续往前走吧！"

有一次我给孩子报了一个 2 年期在线教育学习的课程，

在上课的过程中感觉不是很满意，就想要退款。没想到联系客服得知不仅当年不能退，就连第二年也不能退。我的第一反应是非常生气，购课之前明明承诺可以按课时退费的。我花了两天时间试图从各个渠道反映这个问题，但都没有得到回应。这个时候，我意识到这件事情可能会对我造成无休止的消耗，于是我给自己设定了一个时间，两天之后如果这件事还没有得到解决，就当这个钱丢了，我在此之前还可以通过另外两个途径反映问题。当我主动给自己设定一个休止符的时候，我感觉心里平静了很多。两天之后，我依然没有联系到"相关人员"拿到退款。但是我已经决定放下这件事了，它就不会再为我带来消耗了。

（三）建造你的能量场

想要获得持续稳定的积极状态，我们还要学会主动建造属于自己的积极能量场。这一次，我们不再做环境的受害者，而是做环境的创造者。

第一条，远离垃圾人。

所谓垃圾人，就是指那些状态负面还会不断传递负能量的人。他们不仅自己身上散发着难闻的气味，还会破坏整个环境。这个时候，不要高估自己的拯救能力，学会远离才能更好地保护自己。

我曾经有一次回老家处理一些旧事。经过梳理，我发现解开疙瘩的关键点在一个人身上。我自认自己处理人和事的能力比较强，试图跟她沟通解开这个疙瘩。没想到她抓着我开始絮叨陈年旧事，无论我如何引导，她的关注点始终在负面信息上，觉得自己就是"命不好"。我有一种被黑云压住的感觉，窒息感非常强烈。事后我为自己的情绪做了一次复盘，发现自己回顾当时情绪的时候，反复提到一个词"逃跑"。

从那次经历开始，我意识到不要高估自己的影响力。当一个人自己都没有意识到需要改变、寻求支持的时候，任何人都不可能敲开他的门。我能做的，是尽可能保持安全距离。

如果我们身边亲近的人负能量满满，怎么办？我的建议是做好隔离，尤其是心理隔离，放下试图改变对方的想法，区分哪些是对方的事，哪些是自己的事。比如说当家人抱怨家里不够整洁的时候，别把打扫卫生的责任都背在自己身上。即使是自己负责家里的卫生，也要看清，保持环境整洁是我的事，他觉得卫生标准高不高是他的事。我们只要做好自己认为的整洁就可以了。把注意力放在自己的事情上，做好隔离才能更好地保护自己。

第二条，练习积极宣言。

前面我们也提到改变信念从改变语言习惯开始，想要拥有持久稳定的正能量，我们要学会撰写自己的积极宣言，并且每天练习。

分享一下我最喜欢的《生命的重建》里面的积极宣言：

在我广阔的人生中，

一切都是完美、完整和完全的。

我相信有一种比我强大得多的力量，

每天、每时、每刻从我身体流过。

我打开自己让智慧进来，

我知道大千世界只有一种智慧。

在这智慧里面有所有的答案，

所有的解决方案，所有的康复方法，

所有的新制造。

我相信这种力量和智慧，

我需要知道的一切都已被揭示，

我所需要的一切都会到来，

在正确的时间、地点，按照正确的顺序。

我的世界里一切都好。

　　每次大声朗读这些句子的时候，我的身体都会像暖流经过。如果你一开始没办法把这些话念出来，可以反复听或者抄写。当你不断接收正向语言的时候，你的思维方式也会变得积极起来，靠近你的人也会感受到积极正向的能量场。

　　第三条，进入高能场域。

　　吸引力法则告诉我们，先成为，再成长。

　　想要活出积极状态，我们要主动成为积极的人，想象那个积极的你，会怎么思考，怎么行动。如果你不知道，主动进入一个高能场域，接触更多高能的人，你的思维和能力会得到更大的提升。我创办的"源源的财富"社群，就是支持女性实现财富成长双丰收的圈子。很多妈妈跟我反馈，自己一开始并没有感觉到变化，可是渐渐地她发现自己陷入负面情绪的时间越来越少，就连老公和孩子都说自己跟之前不一样了，从家里的高压器变成小太阳了。

（四）学会臣服当下

如果把生命比作是一次航行，我们要做的不是不停地挣扎对抗风浪，而是顺应生命的节奏，顺风时把握机会乘风破浪，逆风时掌住船舵休整小憩。曾经的我永远都是一副奋斗的模样，我的信条是掌控一切，绝不放弃，所谓臣服只是无能的托辞罢了。那时的我就像是一个被压得紧紧的弹簧，随时可能会崩溃。

有了孩子之后，我发现很多事情完全不在我的掌控范围之内。这个小生命随时随地会给我出难题，我总是无法达到自己预想的结果，这让我一度非常苦恼。有一天我向一位老师请教，她告诉我："把事事都想抓到手里的想法放下，学会臣服，你会在全情享受生命的过程中收获更多。"一开始我非常困惑，难道只能听之任之吗？万一脱离掌控怎么办？我对自己说，试一下也不会怎么样，看看到底会发生什么。

有一次，我们全家去三亚旅游。一开始我还是像原来一样，把每天的路线都设定好，恨不得精确到小时。那会儿孩子还不 2 岁，常常是在前一个景点玩得不亦乐乎，耽误了去下一个景点的时间；到了下一个景点又哭又闹，什

么也没玩成，我又特别希望行程能按照计划进行，于是全家陷入拉锯战，都感觉不是特别好。这时，我突然想到"臣服"这个词，于是我重新调整了旅游计划，上午只去一个景点，下午根据情况随机选择。当我不再把日程抓得那么紧之后，我发现我更能投入当下享受每一个时刻，而不是想着接下来要干什么，孩子也能更加畅快地玩耍，老公也不会那么紧张了。

那一次的经历使我意识到臣服不是听之任之，而是带着一份相信的力量选择放手，允许生命自然地流动，全情投入当下。《精力管理》这本书的英文名是"*The Power of Full Engagement*"，直译过来就是全情投入的力量。我想这是对精力管理最好的诠释。

臣服当下的时候，你会发现自己对未来也多了更多的从容和自信。因为你相信，所谓的未来，不过是由一个又一个当下组成。有好事发生的时候，感恩它的存在；当事情不那么顺利的时候，相信这是一个礼物，拆开包装盒，发现生命的启示。臣服不是脆弱，而是更高级别的强大。

亲子时光：搭建一个亲子"冷静太空"

正面管教创始人简·尼尔森创作了一本叫作《杰瑞的冷静太空》的绘本，讲的是一个叫杰瑞的小男孩是如何通过搭建一个"冷静太空"来处理自己的负面情绪的。有趣的是，故事的最后爸爸刚好生气了，于是小男孩就让爸爸坐在了他布置的"冷静太空"里。

"冷静太空"的概念不仅适用于孩子，也适合我们大人学习。我们也可以在家庭设置一个"冷静太空"，搭建一个让人情绪暂时隔离的空间。

场地：

大概 1 平方米大小，最好是在一个安静的角落。

所需材料：

1. 星空墙纸或丙烯颜料，用来装饰墙面；

2. 一块毯子或纸箱，当作是去往太空的飞船；

3. 其他太空装饰品。

制作步骤：

1. 邀请孩子思考"冷静太空"需要的元素，补充一些装饰材料；

2. 装饰角落的墙面；

3. 制作一艘孩子心目中的太空飞船；

4. 布置星星、气球等元素；

5. 为这个"冷静太空"起一个特别的名字。

当然，如果孩子喜欢城堡、花园、森林，我们也可以制作一个"冷静城堡""冷静航轮""冷静花园""冷静森林"，给孩子、给大人一个冷静空间。

下一次孩子再生气，我们就可以引导他说出自己的感受，并且请他去自己的"冷静太空"坐一会儿。我们也可以跟孩子约定好，如果是我们生气了，那就请他提醒我们去"冷静太空"

休息一会儿。千万不要嘴上请孩子提醒，等孩子真的在你生气的时候提醒你，反而被暴打一顿，那么你会彻底失去孩子的信任。

小·练习：觉察日记练习

如何才能快速有效地提升自己的情绪管理能力？

我首推觉察日记。

觉察日记就像是我们自我对话、自我教练的过程。

最简单的就是每天问自己：我今天有什么快乐的事？一开始看到这个问题，或许你会有种茫然的感觉。没关系，你可以从一件小事写起。练习的时间长了，你就能找到属于自己的积极思维密码。

全面版本的觉察日记更像是一份复盘表格，结合着今天发生的事情全面提升自己的觉察能力和情绪感知力。

觉察日记模板

时间：＿＿＿＿＿＿＿＿＿＿＿＿＿＿＿＿＿＿＿＿

我的积极宣言：＿＿＿＿＿＿＿＿＿＿＿＿＿＿＿＿

今天我做了什么？＿＿＿＿＿＿＿＿＿＿＿＿＿＿

我从中学习到什么？＿＿＿＿＿＿＿＿＿＿＿＿

我为别人（世界）做了什么？＿＿＿＿＿＿＿＿

我要感恩什么？＿＿＿＿＿＿＿＿＿＿＿＿＿＿＿

明天我打算做什么积极的事？＿＿＿＿＿＿＿＿

这个模板仅供参考，你也可以根据自己的情况进行增减。比如说我在看完《非暴力沟通》这本书之后，发现自己就是暴力沟通者，为了转变暴力沟通的模式，获得更加积极的情绪，我在觉察日记里问自己：

觉察日记模板

今天说的哪些话是暴力的？ _____

_____

可以如何调整？ _____

_____

我遇到了什么事？ _____

_____

在我的描述里，哪些是事实，哪些是评价？ _____

_____

我花了6个月的时间完成了从暴力沟通到非暴力沟通的转变。一开始调整自己的语言模式真的很别扭，当我慢慢地习惯用一种倾听式的态度去表达的时候，我发现自己的生活也越来越顺利。

有妈妈跟我反馈，她为了脱离低迷的状态，就在复盘里加了一条：今天为了提升行动力做了什么？大概过了一周的时间，就从低迷的状态里走出来了。

如果今天我的心理能量和时间比较充足，我会使用全面版本的觉察日记来做个复盘，如果今天我时间比较紧，心力也感

觉不是很充沛，我就会用一句话觉察的方式，给自己做个快速"体检"。

有时候，我们还可以做个"专项体检"，也就是用觉察日记来为自己当下遇到的事情和情绪做复盘。

比如说前面提到的"情绪ABC"复盘，还有"情绪树"都可以当作你情绪复盘的模板。我会用笔记软件建立一个情绪复盘的模板，当我的情绪有波动的时候，打开印象笔记，开始依次梳理自己的情绪。有时候也会用语音转文字的软件，把自己的想法碎碎念表达出来，再回看文字的时候，也能从支离破碎的表达中更好地感知自己的情绪。

古人说"一日三省吾身"，觉察日记就像是我们修行的功课，坚持记觉察日记是让自己变得更加清明的过程。如果说曾经的我内心藏着诸多暴躁、多疑、自利的因子，那么现在的我通过不断觉察和成长，已经活出了舒展、清明、积极的自己。

这一切的起点就来自觉察日记，希望你也能从内推开改变的大门，在觉察中不断成长。

第五章

Efficiency：提升效率，为你的精力扩容

曾经有这样一张图片引发妈妈们的强烈共鸣：一位女性呈千手观音的模样，几只手分别拎着包、提着菜、抱着娃、打着电话还在记笔记，号称当代老母亲图鉴。

三头六臂妈妈

　　作为妈妈，我们确实有太多事情要做要忙，在身体和情绪状态都不错的时候，如何提升我们的效率就成了妈妈们实现从容生活的核心技能。很多人想到提升效率，最先想到的就是提升时间利用效率，最好能把每一分钟都用到极致。这样除了把自己逼得喘不过气之外，没有任何好处。

　　想要真正提升效率，我们不仅仅要从时间的维度扩容，还要有优化自己空间管理的能力和激活身边人力资源的能力，从时间、空间和人力三个角度去"扩容"，才能过上高效率的从容生活。

测试：你是一个高效的人吗？

1. 我做事的时间总是比别人要长很多，没有什么章法。

2. 几乎每次做事，我都没办法积累出可复制的经验。

3. 我有不少碎片时间，但几乎都被自己浪费掉了。

4. 每次出门我都要收拾很久，还是会忘带东西。

5. 我的家里和办公的地方总是乱糟糟的。

6. 我不知道怎么整理收纳自己的资料。

7. 我很少使用工具、家电为自己省时省力。

8. 我很难开口寻求他人的帮助。

9. 我没办法调动起伴侣干活的积极性。

10. 请父母公婆帮忙，反而会让我越来越忙碌。

如果你有 3 个以上的问题都回答了"是"，那么你非常需要提升自己的效率，为自己的精力扩容。

第一节
时间扩容：让你的时间效率提升 10 倍

上天是公平的，每个人每天都有 24 小时的时间；但同样是这些时间，不同人的生产力却各不相同。我们要做的不是管理固定的 24 小时时间，而是提升自己的效率，为时间扩容。

（一）清单思维：分分钟提升效率

你有没有出现这样的情况：

> 带娃出门总感觉少带了什么，出了门才发现不是水壶没拿，就是尿不湿忘带。好像东西从来没有拿全过。
>
> 要去旅行，别人几个小时就把东西收拾好了，你要提前 3 天收拾东西，最后还是感觉手忙脚乱。
>
> 打扫家里的卫生，常常是收拾阳台的时候想起来还没买喷水壶，收拾厨房的时候又想起来去解冻午饭要吃的肉，结果花了一整天的时间，真正想要打扫的卫生却没有推进多少。

如果你是类似的情况，说明你在做事的时候缺乏条理。丢三落四、手忙脚乱、做事磨蹭就像是一个不定时炸弹，一旦发生状况，所有的事情就会变成一团乱麻，把你紧紧缠在其中。想要拆掉这个不定时炸弹，你需要为自己建立清单思维，把物品和事项用清单梳理清楚，有序推进，才能更好地提升自己的效率。

在我看来，清单的意义就在于持续、正确、安全地把事情做好，帮助我们更快、更全地抓住重点，做事的效率自然就提升了。

在我们平时的生活中，主要需要用到两种清单。

一种是物品清单，比如说行李清单、出门清单、待产包清单、住院物品清单，等等。这一类的清单主要是罗列物品，避免忘带少带东西，方便我们清点整理物品。

还有一种是事项清单，比如说周末打扫卫生清单、每日复盘清单、晚上带娃清单，等等。这类清单能够帮助我们更快地推进任务进程，避免忘记某个环节或者在任务推进的过程中顾此失彼。

每个人需要的清单类型不同，清单里包含的内容也不同。想要建立属于自己的清单，我们需要回答 3 个问题：什么场合适合用清单？如何制作清单？如何使用和优化清单？

1. 什么场合适合用清单？

发生频率比较高的事项和物品整理都可以使用清单。比如说上面提到的每日复盘清单，每天都需要做复盘，形成一个统一的格式自然会节约很多时间精力；还有行李清单，如果你每

年需要外出 3 次以上，就值得制作一份行李清单，收拾行李的时候会更加高效。

一些复杂的容易忘记的事项也可以使用清单。比如带娃清单，晚上时间本来就比较宝贵，我们需要完成洗漱、读书、网课（可能不止一门）、游戏等事项，很有可能会忘记其中一项，想起来再补上，时间就被耽误了。这时候有一张清单提醒自己就显得非常重要了。待产包清单使用频率虽然不高，但东西又多又杂的情况下，有张清单一目了然，就方便多了。

2. 如何制作清单？

市面上有很多清单模板可以参考，我们可以搜索网络上的清单之后，再根据自己的实际情况来修改。比如说网上待产包清单五花八门，我们可以都下载下来，然后根据自己的实际情况进行筛选。有的待产包清单适合冬天用，如果你恰好是夏天生娃就可以删掉厚被这样的物品，改成薄衣薄被。同样，网上的行李清单模板有很多，如果你不喜欢带太多东西出门，自然可以根据你的喜好大刀阔斧地删减了。

如果你的清单条目有 10 个以上，强烈建议做分组，避免一次核对太多事项发生错乱。比如说行李清单，我们就可以按照洗化、资料证件、随身物品、衣物等做分组，核对物品的时候分组核对就不容易出现差错了。

我发现很多妈妈在使用清单的时候都会陷入追求全面的陷阱，总想着把所有可能的情况全部罗列进去。不仅没有必要这样做，我们还应该尽力避免这种心态。

行李清单

衣物			洗化		随身物品	资料证件
必带	冬天	夏天	清洁护肤	化妆		
内裤	大衣	防晒衣	牙刷牙膏	防晒	手机	身份证
文胸	手套	遮阳帽	卸妆用品	粉底、粉扑	耳机	银行卡
袜子	羽绒服	太阳镜	洁面	气垫、粉饼	保温杯	笔
睡衣	打底裤	凉鞋	棉柔巾	眉笔、睫毛膏	钥匙	本子
上衣	围巾		洗发沐浴	眼线液	眼罩	
裤子			水、乳、精华	眼影、刷	手表	
裙子			眼霜、面霜	唇膏	眼镜	
拖鞋			面膜	口红	纸巾湿巾	
帽子					口罩	

先有一个基础清单，能够包含大部分要素就足够了。剩余部分我会根据实际情况做增减，形成"1+N"的效果。比如说，我的行李清单有必带模块和选带模块，如果是夏季就选择夏季衣物模块，冬季就选择冬季衣物模块。否则，一张清单包含过多元素，反而让人抓不住重点。

3. 如何使用和升级清单？

当我第一次用清单提高效率的时候，简直如获至宝。但后来发现清单太多反而成了问题——我完全忘记自己保存在哪里了。更让人忧伤的是，我总是忘记及时更新清单，结果明明上次已经发现了清单中的问题，下一次还是只能使用旧清单，完全没有升级。

经过多次尝试，我终于解决了清单使用和升级的问题。我选择了一个可以多平台同步的笔记软件，梳理出来的清单按照

"时间+【模板】+具体哪种清单类型"，比如说如果我在 2020
年 9 月 28 日重新梳理了一份行李清单，那我就会把笔记名设置
为 "2020928【模板】行李清单"，这样一来时间、笔记类型和
具体功能都标注得一清二楚了，也不会跟之前的版本产生混淆。
如果第二天发现了需要调整的地方，我会建立一个新笔记，名
称设置为 "2020928【模板】十一出行行李"，通过名称设置跟
模板区分开来，也便于使用完之后做对比和优化。

其实，不是所有事情都需要制作清单。如果事情并不复杂，
或者不需要精准掌控，我们完全没有必要专门做清单。比如说
周末带娃去商场，无非是吃东西、玩游戏、买买买，事情清晰
简单，下次出行说不定计划又变了，这种情况就不需要一本正
经写个清单，臣服当下、随性玩耍也是不错的选择。

（二）心流状态：产出百倍的价值

时间是公平的，每个人都有 24 个小时，但产出的价值却各
不相同。答案就藏在心流里。

心流状态是专注的最高境界，并且人在进入心流状态时，
时间更快，产出质量更高，如果我们假设心流状态下时间能快
10 倍，产出质量提升 10 倍，两者相乘自然提升了百倍价值。《心
流》这本书为我们提供了很多寻找心流、进入心流的方法，但
让人心塞的是，这些对普通人奏效的方法，放在妈妈身上却几
乎失灵，最大的障碍就来自"黑天鹅"一样的娃。

只要娃在，一切皆不可控。

　　当你正准备在厨房大展身手、做一桌好菜的时候，你的家庭小帮手立刻上线，之前想好的糖醋排骨、拔丝地瓜全部化为泡影，毕竟这种需要精确控制时机和用量的菜，并不适合一边心里气得要爆炸，嘴上还挂着慈母微笑鼓励孩子勇敢尝试的时刻。

　　或者，当你正在津津有味地阅读一本好书，甚至马上要为男女主角的不离不弃洒下热泪的时候，娃的一句"妈妈，我拉完了！"立刻把你拉回现实，走向真正的味道，等到一切收拾妥当再拿起书，已经看不进去了。

　　更不要提坐在书桌前写什么报告、发什么信息，只要你的防守出现一丝缝隙，娃就可以成功拿到键盘的控制权，为你创造一个乱码新世界……

娃就是心流粉碎机。

　　到底如何才能主动创造心流时刻，让我们的时间价值提升百倍呢？

　　我们需要建立对心流的基本认知。第一，心流状态不是天生的，而是逐渐锻炼出来的。如果你习惯了"一边……一边……"的分散模式，一开始想要进入心流并不是一件容易的事。先别忙着气馁，随着练习，你就能达到随时随地专注的状态，所以别给自己贴上"不专心"的标签，放松心情练习就好。第二，专注力不够的锅，别让娃背。生娃第一年，或许我们的时间被娃撕成了碎片，但第二年、第三年……如果你的时间还是被撕成碎片，多半是你自己时间管理的问题，别再把娃当成你无法

专注的借口，正视现实，才能带来改变。

方法一："敷衍"大法好。

很多妈妈都表示自己根本没办法在家办公，娃总是能在最恰如其分的时候成功打扰到自己。其实我们完全没有必要草木皆兵。有时候孩子呼唤我们只是想要确认妈妈还在。只要我们回应一句："哎！宝宝！你好棒！"孩子就能自动回归他的小世界玩耍。偶尔的"敷衍"也没关系，反而更容易保护你和孩子的专注力。

如果此时此刻你确实有事，孩子又想要拉着你去玩耍，可以先用纸笔把你已经完成和接下来要做的事情记下来，一边写一边说："天哪，你的这件事情真的很重要！我们立刻行动起来，不过妈妈现在也在做非常重要的事情，给我 5 分钟时间，我把要做的事情写下来，收个尾，然后和你一起玩游戏，可以吗？"

不要以为等待是大孩子才有的能力，只要你真诚地肯定孩子的想法（哪怕是口头上的），并且表达出我们想要专注的需求，孩子是会慢慢理解的。我们家娃 2 岁的时候，就已经可以偶尔做到等 3 分钟，足够我处理好手头的事情。相比于随叫随到满足孩子的需求，致使自己的事情乱成一锅粥，偶尔"敷衍"一下，让孩子等等我们，其实也是一种言传身教。孩子就能在亲子互动的过程中明白如何保护自己的专注力。

方法二：制造心流时空。

想要随时随地进入心流确实不是一件容易的事，但是我们可以主动打造属于自己的心流时空。对于我而言，最有效的方法是清空桌面和利用番茄钟。

清空桌面就是从空间的层面保护自己不被打扰。那些看到就想摸一摸的摆件、临时放在桌上的草稿纸、没有及时归位的玩具，都有可能吸引我的注意力，所以我在决定进入专注状态时，会主动清空桌面上的一切东西。除了电脑，所有东西统统清空。这样一来，我的视线就会自然而然聚焦在我要编辑的文字上，不会被干扰了。

番茄钟则是从时间层面创造心流体验。毫不夸张地说，番茄钟是我进入心流的钥匙。每次当我觉得必须要专注做些事情但是又心浮气躁静不下心的时候，我就会打开手机软件的番茄钟，选择默认的25分钟模式，开一点轻音乐，让自己进入专注模式。当我忍不住想要去喝口水、上个厕所的时候，我会问自己："一共才25分钟的时间，这你都坐不住吗？"尽管中间也会有被打断的时候，总体而言，还是比完全不开番茄钟效率高很多。

主动创造心流时空其实是我们主动安装一个大脑的专注启动按钮，一旦点开番茄钟、看着空荡荡的桌面，大脑也会自动提醒自己，是时候专注了。别忘了心流状态是不断练习的，越练习越专注。

方法三：让子弹飞一会儿。

我常常会有这样的体验，越专注、越投入，越想要再投入一会儿。大脑高速运转的时候，有种超级兴奋停不下来的感觉。在电影《心灵奇旅》里，当人进入心流状态时，会进入一个悬浮的神秘空间，整个人完全投入其中。一旦出现这样的时候，

我就会再设定 1 ～ 2 个番茄钟，让心流状态再飞一会儿。我发现这个时候的效率同样很高。之后为了平复自己的大脑和情绪，我会选择做冥想或者是运动，换换脑子，从兴奋的高速公路上下来，以免过度兴奋睡不着觉。

第一种方法适合孩子在家的时候使用，后面两种方法则更适合孩子不在家或者是睡着时使用，让自己进入更高效能的心流状态。

（三）碎片时间：小时间办大事

一提到时间管理，很多妈妈说自己其实不是没有时间，而是总会不自觉地浪费时间。尤其是在做了时间记录之后更是觉得懊恼，发现大块时间没抓住，碎片时间更是不知不觉溜走了。也有些妈妈会走到另一个极端——让自己所有的时间都满满当当，哪怕陪娃的时候孩子跑到卧室去拿个东西的工夫，都要看几页电子书，回几条消息，最后搞得自己紧张兮兮疲惫不堪。

其实，碎片时间最好的用处就是"不用"。所谓"不用"就是不要把日程排得满满当当，见缝插针做那些需要高度专注力的事情，而是留出喘息时间。每个人的意志力是有限的，你把意志力用在了控制碎片时间上，那么在真正重要的事情上，可能就无法控制自己了。前面我们提到的 3 分钟让自己电量满格的方法，特别适合在碎片时间完成。另外，利用碎片时间做工作复盘，也是一种休息舒缓的方式。这等于告诉自己：前面的工作告一段落，接下来开启新篇章啦！这样一来，每次重新开始就是重新起跑的峰值体验。所以，别再试图见缝插针了，用

3 分钟补充心理能量，效果更佳。

但对于很多全职妈妈来说，几乎所有的时间都是碎片时间，几乎很难找出大块时间，怎么办？

核心策略是：化零为整和化整为零。

所谓化零为整，就是通过记录把碎片时间整合成为几个不同功能的大块时间。有些妈妈因为照顾孩子和家庭，时间被迫割裂成了一段又一段的碎片，根本没有大块的高精力时间。这个时候，我们要首先要有意识地记录最容易打扰自己的是哪些事情，主要集中在哪个时间段。

我曾经遇到一个全职妈妈，她曾经觉得自己每天的日程都是乱糟糟的，经过记录，她发现自己白天上午的时间特别容易被 2 岁多的孩子打扰，一次又一次地打断之后，到了下午就算孩子没有主动找她，她也没了学习和做点自己事情的心气。我建议她把上午容易被打断的时间设立为亲子时间，全身心地陪娃，满足孩子希望妈妈陪伴的需求。等下午孩子不打扰她的时候再集中时间学习和工作。后来这个妈妈跟我反馈，上午全身心地陪伴孩子之后，孩子果然到了下午不会缠着她了，学习、工作的效率大幅度提升，孩子也更加独立了。

化整为零就是把大项任务拆分成非常小的步骤，随时可以被打断，随时可以再次开始，用碎片时间分步完成。这种方式比较适合那些可以随时被打断，不需要高度集中注意力的事情，

比如说整理家务、看书等。需要注意的是，为了防止中途被打断之后忘记从哪里开始，我们可以在中断之前记录一下进度，比如说你客厅打扫一半的时候，孩子突然叫你陪他做游戏，可以随手在纸上写下完成了什么和接下来要做什么，比如说"已扫地，还没拖地"，等做完游戏就可以接着继续打扫卫生了。

第二节
空间扩容：整理优化，释放更多能量

谈到提升效率，很多人的第一反应就是提升时间管理的效率，其实一个干净、整洁的空间环境是效率的基础。如果空间环境乱作一团，东西、资料都找不到，提高效率只能是空谈。整理不仅仅是对空间的改造，更是对自己与世界关系的调整。

一个能把家里收拾得井井有条的女主人，家里的幸福指数绝对不会差。也有一些妈妈，外表看着光鲜，实际上家里乱作一团，这样的人细问之下状态往往都不太好。从我自己的体验来看，如果这段时间我周围的环境整洁，我也会感觉做事比较顺，如果最近东西又多又乱，那么自己的状态也好不到哪里去。

空间的扩容，也是对我们状态能量的扩容。在我看来，空间整理可以分为环境整理、物品整理和资料整理 3 个层次。环境整理就是家庭、工作的宏观层面的整理和维护；物品整理主要是对物品的归置和收纳，是比较具体的层面；资料整理则是更加具体地对学习、工作资料的整理，包括文件资料和电子资

料，从此告别着急找资料却总是找不到的尴尬局面。

（一）小家越住越大的规划秘诀

你有没有这样的时刻，无论家里收拾得多么干净，还是感觉活动起来不太方便，越是着急的时候，东西越是找不到，全家活动的时候也总是会不自觉撞到对方，有种家越住越小的感觉。如果你有这样的感觉，是该整理一下你的居住环境了。

想要让家越住越大，你需要的不是打扫卫生，而是对空间的规划。

空间的规划主要取决于日常的行动轨迹。比如说有些人把梳妆台摆在卧室，因为她更喜欢在卧室换完衣服之后慢条斯理地化妆打扮；有些人则把化妆品放在洗漱台附近，这样洗漱完之后可以直接化妆，方便省事。如果空间摆放的东西需要"绕远路"才能拿到，那么很有可能东西不能及时归位，让空间显得杂乱不说，也会大大降低效率。

想要做好环境整理，我们需要首先画出家里的户型布局图，然后再分析自己的日常活动轨迹。布局图没必要完全对应实际空间的比例，只要大体相似就可以了。

　　拿我们家举例，优化之前，我早上的行动轨迹是这样的：起床之后去洗漱，准备早餐，然后去卧室叫娃起床，吃点东西之后，再去卧室换衣服，和娃一起出门上班上幼儿园。我早上的行动轨迹：

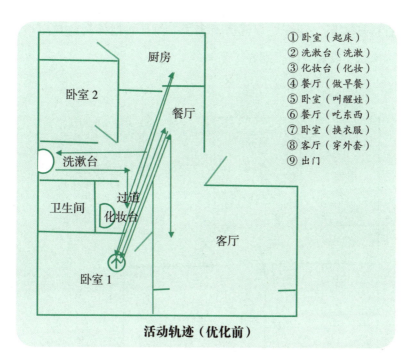

① 卧室（起床）
② 洗漱台（洗漱）
③ 化妆台（化妆）
④ 餐厅（做早餐）
⑤ 卧室（叫醒娃）
⑥ 餐厅（吃东西）
⑦ 卧室（换衣服）
⑧ 客厅（穿外套）
⑨ 出门

活动轨迹（优化前）

前前后后，我一共需要 9 个步骤。第一次把自己的行动轨迹图画出来的时候，我吓了一跳，难怪总觉得早上时间紧张，原来自己的行动轨迹居然如此复杂。我常常早上洗漱完之后，就记不清接下来是要去做饭（厨房方向）还是去化妆（卧室方向），又会耽误一些时间。

通过分析，我发现有两个地方需要调整。

一是我需要专门"绕道"才能去化妆台，二是之前衣服都放在卧室，导致我必须等娃醒了之后才能换衣服，使得动线变得更加复杂。

于是，我决定直接把化妆品放在洗漱台旁边，洗漱之后直接化妆；同时，把换衣地点从卧室调整为过道，这样起床之后

直接换衣服，动线立刻就清晰多了；而且我把外套放在门口，这样就不需要专门拐到客厅穿外套了。

早上的动线变成了：

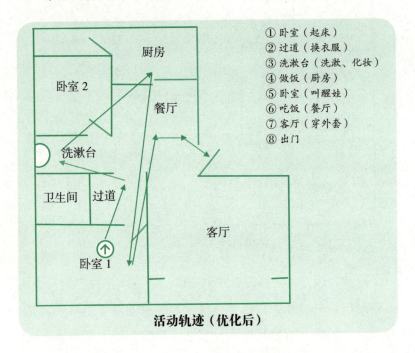

① 卧室（起床）
② 过道（换衣服）
③ 洗漱台（洗漱、化妆）
④ 做饭（厨房）
⑤ 卧室（叫醒娃）
⑥ 吃饭（餐厅）
⑦ 客厅（穿外套）
⑧ 出门

活动轨迹（优化后）

看起来好像只减少了 1 个步骤。但动线一下子变得清晰了很多，每天早上能节约出 15 ～ 20 分钟的时间来。

有一位妈妈在画完自己的动线之后，说自己原来一直在家里转圈圈，还配了一个捂脸的表情。她发现最影响自己行动轨迹的是家里的沙发，于是她调整了家里沙发的位置，整个空间不仅看上去敞亮不少，活动起来也更加方便了。

同样的，我们还能画一下自己平时打扫卫生的动线、晚上活动的动线、平时在办公环境工作的动线。然后根据你的活动轨迹，调整家具摆放和物品收纳的位置，整个空间环境自然会变得清晰不少。

想要让环境整洁，除了"整"，还要"洁"。我并不擅长打扫卫生，不过我们家总体而言还是挺干净的，我把这份"懒人清单"分享给你，希望你也能轻松拥有一个干净的环境。

①使用扫地机器人清理地面。打扫之前尽可能清空地面可能缠绕机器人的物品，你会发现机器人其实没有那么难用。

②制作月度、季度清洁清单。设置一个定期提醒，定期清理卫生间和厨房。

③如果可以，请专业家政人员打扫卫生。相信我，这笔钱真的可以帮你买来舒心和快乐。

④修炼自己的容忍度。如果本来时间就紧张，还想让家里一尘不染，还嫌别人做得不够好，那你就是在跟自己过不去。

（二）轻松收纳，节约家务时间

作为女性，我们的东西本来就比较多，对空间环境的要求也更高，收纳需求自然高一些。成为妈妈之后，物品收纳难度直接升级到"地狱"级别——你从来不是一个人在战斗，你是在跟一群人战斗。就算队友没有乱丢乱放，单是娃的战斗力就足以摧毁一个安静整洁的家。

无论你之前把房间收拾得多么赏心悦目，只要娃开始摆开阵仗，地上、桌上、床上、沙发上……只有你想不到，没有娃"摧毁"不了的地方。哪怕花再长的时间打扫卫生，娃也能在10分钟之内让全家变成杂物间。

好不容易整理好了，你会发现之前为了加快速度，都是随手塞到柜子里的，想要再找出特定的某件物品，只能看缘分了。久而久之，柜子里、桌子上的东西越来越多，你却不知道到底藏了些什么东西。生活在这样的环境里，效率自然不会太高。

想要做好收纳，我们分三步走。

第一步：盘点家中物品。

首先，我们需要把家里所有的物品都拿出来进行盘点，然后归类和统计。比如说妈妈、爸爸和孩子分别有多少衣服和鞋子，家里的被褥被罩床单有多少，书有多少，有多少洗化和囤货。最好找一个不被打扰的时间，至少是一个娃不在的时间，把所有的东西都拿出来进行盘点，完全清空你的抽屉柜子。如果东西实在太多，可以分房间进行整理。不过整理某类物品的时候，一定要把所有的物品全部拿出来，比如说如果你客厅、卧室、书房都挂了衣服，在整理盘点的时候，一定要把所有的衣服都放在一起才可以。

通过盘点，很多妈妈惊讶又不失尴尬地发现，自己有很多囤货和陈年老货，是该开启断舍离模式了。如果你也有一些好几年都没有使用、未来几乎也不可能使用的东西，是该跟这些物品说再见了。然后我们再从其中挑选"必备物品"，也就是那些必须使用的东西，你可以假设自己要出一趟远门，有哪些东西是必须要带的，只把这些物品挑选出来就可以了。剩下的就是"可有可无物品"，也是最难做决定的东西。这个时候，我们可以一件一件地进行筛选，问问自己，是否对这件物品还有怦然心动的感觉。我发现女性对于怦然心动的感觉有天然的敏锐度，很多妈妈在一件一件筛选物品的过程中，都反馈对不同的物品有不同的感觉，通过怦然心动的原则筛选留下的东西，往往也是最满意的。

第二步：重新分配收纳空间。

筛选完物品之后，我们要重新分配收纳空间。我们可以根据日常动线的路径规划不同区域的收纳功能。然后我们可以把收纳空间画出来，根据目前留下的物品来分配相应的空间。我们同样可以画一张简图，把家里的收纳空间画出来。

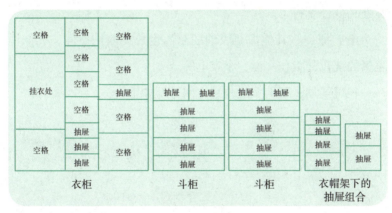

收纳空间简图

拿我们家举例，家里一共有这些收纳空间，需要把我和孩子的所有衣服和爸爸部分衣服、家里的被子被套都收纳进去。受《怦然心动的人生整理魔法》的启发，我们家抽屉式的收纳空间比较多，适合一些可以折叠的衣服，比如说保暖内衣、毛衣、睡衣、裤子等；也适合一些比较小的物品，比如说内裤、袜子等。

在分配收纳空间时，首先是要按人来划分，也就是同一个收纳空间里，只能有一个人的东西，再按照功能区分。由于我

需要挂着的衣服比较多，所以挂衣区自然由我来使用。我们家孩子还小，衣服折叠起来就可以了。所以衣柜中间的区域就足够了。先生的衣服大部分都可以叠起来，所以放在空格和抽屉处最合适。

然后再按照使用场景和频率来分配具体的位置。比如说家里的保暖内衣和打底裤，都属于内衣，可以折叠起来放在一起，上层放上衣，下层放下衣。家里的袜子等小件放在较小的抽屉里。家里的被子被套，平时拿取的频率不高，放在收纳空间的高处和低处就行了。

最后把一些其他需要收纳的东西也放到收纳空间，比如说家里的洗化囤货、文件、小家电等。

经过规划，我们家的收纳空间分配如下：

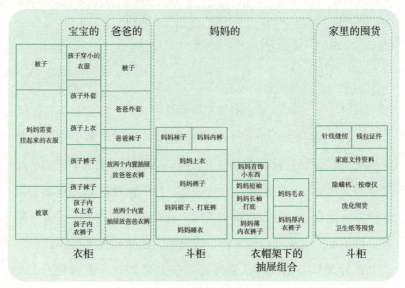

作者家的收纳空间分配

这样一来，每个人的使用区域和层次都非常的清晰，根据这张图把衣服摆进去就可以了。由于我们家的收纳空间抽屉比较多，为了防止记忆错乱，我在每个抽屉面都贴上了标注的小贴纸，用来区分。

我在这里主要举了衣服和家纺收纳的例子。同样的思路，我们还可以把家里的书籍、孩子的玩具、厨房用品、冰箱的布局分别进行规划。你会发现，不仅各个空间用起来更顺手了，而且就算家里有几个人同时在收拾房间，东西也能及时归位，整个空间都变得整洁有序很多。

第三步：预留空白，定期调整

空间布局的规划肯定不是一成不变的，我们要有一定的心理准备，按时做调整。空间规划是不是合理，基本上两周之内见分晓，如果两周之后，东西还能够按照我们之前的布局收纳，说明这个布局还是相当合理的。我们只要每个月定期维护就可以了。大部分时候，我们会根据实际生活需求进行调整。尤其是在孩子出生的前 6 年，空间要根据孩子需求的变化来调整。检查一下哪些东西其实几乎用不到，反而占据了拿取最方便的黄金位置；哪些东西总是不能及时收纳起来，是不是收纳空间的位置有些偏远；哪些物品的空间留得太多，哪些物品的空间留得太少；等等。

在前期规划和后期调整的时候，都要注意每个收纳空间最好都留出 20% 的空置空间来。一方面拿取的时候比较方便，不容易破坏其他物品的摆放秩序；另一方面，万一之后需要增加衣服，也不至于没有空间，打乱现在的物品收纳空间布局。

最后关于收纳工具我还有一点提醒，尽可能选择颜色和尺寸统一的收纳工具。比如说购买能够在厨房、客厅、阳台多个场合使用的白色盒子。我之前也尝试过把不同尺寸和颜色的盒子摆得错落有致，就像电视剧里一样，结果搞得整个家看上去特别的杂乱。后来我才意识到，在真实的家庭生活场景中，东西往往又多又杂，统一的色调和样式，比错落有致看上去更开阔，也更容易收拾。而且，购买颜色尺寸统一的收纳盒，万一盒子损坏也更容易替换。

现在的我，养成了一个收纳习惯，不管买到的物品外包装有多好看，拆开后立刻丢掉，一律把东西放到家里统一的收纳盒子或者瓶子里。因为收纳盒子都贴有标签，我必须要用完之前的才能购买新的，不仅大大降低了家里的囤货量，而且整个家里也看着整洁清爽多了。

（三）如何快速找到家庭资料文件？

你有没有这样的经历？

想要出门发现身份证不知道藏在哪个包里了；要登记信息，却发现资料和文件翻了好几遍都没找到；空调坏了，却找不到购买发票，完全不记得是哪一年买的了。

这些事情看起来不起眼，却会大大消耗我们的能量，让我们抓狂懊恼。尤其是不同的文件、证件、资料大小格式不一，有的是电子版，有的是纸质版，收纳起来就更让人头痛。

想要做好资料整理，先让我们回归整理的目的——方便收纳好查找。方便收纳意味着工具是相对固定的，不需要随意变更；

好查找意味着搜索的时候能够一目了然、快速确定位置。

　　在这里推荐两个工具，分别帮助大家收纳纸质资料和电子资料。

　　第一个工具叫作风琴包，收纳纸质资料非常方便。

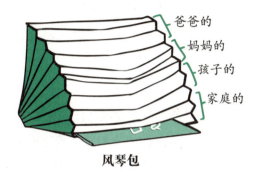

风琴包

　　大家在网上搜索关键词就可以买到。风琴包打开的时候就像一把手风琴，能够一目了然地看到里面的东西，而且大部分的风琴包还可以在侧面贴上标签，查找起来就更加方便了。相比于插页资料夹，风琴包能够轻松把厚厚的纸质材料收纳进去，完全不需要担心撑破袋子。而且还有两个尺寸可以选购，一种可以放得下 A4 大小的资料，一种收纳 A5 尺寸的发票刚刚好。跟收纳物品一样，我们可以根据使用者来分配风琴包，比如爸爸、妈妈和孩子的文件资料分开收纳，家庭重要资料如房产证、土地证、大件家电家具的发票等放在一个风琴包里，这样查找起来方便多了。

　　第二个工具叫笔记软件，主要是用来收纳电子资料和一些没必要留存纸质版的资料。

　　一是电子资料，比如说待读的文章、下载的电子文件、照

片等，本来就是电子版的，这个时候我们可以给这个资料新建一条单独的笔记，以附件的形式保存在笔记软件里，同时可以在笔记区记下这个资料的内容摘要。我的笔记命名习惯是"日期+【类型】+具体的内容"，比如说当我看到一篇名为《精力管理的 10 种方法》的文章，我第一反应就是先把它保存起来，放在笔记的附件里，并且命名为"2010414【待读】关于精力管理的 10 种方法"。这样当我再次检视我的笔记时，就能很快找到当时的文件了。

二是重要纸质资料备份。比如说证件、家里的重要文件等。我会先使用扫描软件（推荐扫描全能王）把纸质资料扫描成电子版，然后逐页保存到我的笔记里，同样用文字的形式记录这些文件的摘要。比如说在保存孩子的证件时，我不仅会把他的户口本页、出生证明扫描件全部以图片的形式插入笔记里，还会用文字的形式写下孩子的身份证号，方便使用的时候直接复制粘贴。这些重要的纸质资料原件自然是放在风琴包里。

三是一些没必要留存纸质版的信息。像说明书、书籍导读等资料形状大小不一，而且非常容易找不到，如果单独用风琴包收纳又显得有些大张旗鼓了。因为这些文件不需要像证件一样扫描得板板正正，只要能认出其中的文字，便于以后查找就行了。我们可以直接使用笔记软件自带的拍照功能，逐页拍下这些说明书和书籍导读的页面。如果你拍得很清晰，还可以使用 OCR 功能，自动识别其中的文字，形成文稿。经过处理之后的原件就可以直接丢掉了，大大减轻了收纳的负担，查找起来也更方便了。

第三节
人力扩容：盘活你身边的隐形资源

很多人说，妈妈是家里的首席执行官，掌管着家里大大小小所有的事务。我更希望你能成为首席运营官，不仅会执行，更要会运营，把你身边的所有资源都调动起来，而不是一个人活成一支队伍，苦苦战斗。

现在的我就是一个名副其实的首席运营官：老公体贴，能够一起做家务，甚至有时候比我做得还要多；婆婆给力，主动带娃还会时不时来我家收拾房间；4岁的孩子也成了我的得力小帮手，常常会乐此不疲地照顾我。

很多人说，真羡慕你命好，遇到宠你的老公和疼你的婆婆，孩子也贴心。我更想说，所谓命好更多是事在人为。我也曾经跟老公三天一小吵、五天一大吵，也因为婆婆无意的言行躲在房间里偷偷哭发脾气，消耗自己。走出这个死循环的契机来源于两本书：《非暴力沟通》和《被讨厌的勇气》。前者让我懂得了如何好好说话，理解彼此的需求；后者则给了我为自己负责

的勇气，让我明白了"课题分离"的道理。

关于人力扩容，我们由近至远分别是伴侣、父母、公婆和保姆家政。最后，为你总结一套高效授权解放自己的方法论。

（一）只需三步，"猪"队友秒变神队友

我有时候不得不佩服，已婚男性真的是一种神奇的存在，似乎永远都只能接受单个指令。或许你也一定遭遇过这样的情况：

> 出门之前你对老公说"家里的脏衣服太多了"。确认老公听到这句话之后，安心出门办事去了，满以为回来之后，衣服已经晾起来了。事实却是：回到家，衣服依然在脏衣篮里。如果问他为什么没洗，他会告诉你，你只说脏衣服多，可没说叫他洗啊，还一脸无辜。
>
> 在我们看来，"家里的脏衣服太多了"等于"把衣服洗干净"+"把洗好的衣服晾起来"+"把脏衣篮归位"+"整理家里其他地方的家务"。但大部分的"单细胞"老公，却只以为你是在说一个陈述句。

很多人担心，要是把所有的指令一条条发布出去，会让原本就紧张的夫妻关系更加雪上加霜。如何才能跟伴侣好好沟通，让我们吐槽的"猪"队友，变成神队友呢？

其实很简单，我们分三步走：建立情感联结、明确动作指令、建立正向反馈。

第一步，建立情感联结。你或许会有这样的疑惑，结婚之前那个跟自己琴瑟和鸣的伴侣，为什么结婚之后反而总会惹自己生气，距离也越来越远了呢？答案就在于，婚前彼此的关系还不够确定，所以大家会投入更多心力来经营这段情感关系，婚后关系相对稳定的时候，大家投入的心力少了，自然会在情感联结上出现一些裂缝，时间久了，要么关系变淡成了同寝兄弟，要么关系紧张成了斗眼鸡。

《高效能人士的七个习惯》中提到，越是持久的关系，越需要不断储蓄情感账户，这样对别人有所要求的时候，也不会发生误会。我们要学的不是关于如何影响别人的技巧和方法，而是如何经营这段情感关系。

我想请你回想一下：

你有多久没有主动向先生表达爱意了？

你有多久没有给他一个甜蜜的吻、一个紧紧的拥抱？

你有多久没有给他选一份礼物给他，不是生活日用必需品，而是一件专门的爱的礼物？

如果你自己都想不起来上一次做这些事是什么时间，那么你们之间的情感联结又靠什么维持呢？

或许有人说，"我们这么多年都过来了""我不是那种爱撒娇的性格""他不是那种会回应的人""他就像块石头，又臭又硬捂不热的"。

　　一开始我试图跟老公表达爱意的时候，心里也有这些小嘀咕，甚至还有些愤愤不平：凭什么要我先改变？不过那会儿也由不得我想太多，我们俩的夫妻关系非常紧张，几乎三天一小吵，五天一大吵。这样下去不说别的，我的身体首先就受不了。为了让自己能更快进入"甜妻"角色，我会先对着镜子练习一遍如何对着老公说"我喜欢你"，再对他说的时候就自然多了。大概过了几个月的时间，先生的态度也从之前的"嫌弃"状，变成了主动呼应我爱的表达。现在我们俩会经常拥抱亲吻，几乎很少吵架。

　　我发现，当两个人感情越来越好的时候，请对方做事的时候语气会更加自然，即使对方没有按自己的心意做事，也不会感觉那么难以忍受了。其实学会换个方式表达，改变的不仅仅是对方的感受，还有我们内心对于这段关系的看法。当我们开始用更加直接、充满爱意的语言表达时，你对这段关系也灌注了更多的爱意。

　　第二步，明确动作指令。我们要学会清晰明确地表达我们的"指令"，让队友知道我们到底想做什么，希望他做什么。

　　还记得之前提到的清单思维吗？我强烈建议你一开始跟队友沟通家务和待办事项的时候使用清单。一方面，梳理清单的过程也是自己梳理思路的过程，有助于你对自己的需求和想法更加了解；另一方面，在跟对方沟通的时候，清单也是一个很好的"证据"，帮助彼此澄清具体要做的动作。

　　拿我们开始提到的做家务的事情举例，出门之前看到家里比较乱，来不及拿出纸笔列清单了，可以在路上给伴侣发一条这样的信息：

> 亲爱的，家里比较乱，我出门太匆忙了，没来得及整理，请你收拾一下哦。
> 1. 把脏衣篓的衣服洗干净晾起来；
> 2. 厨房的碗筷刷好放在柜子里；
> 3. 沙发上的东西都放在茶几旁边的箱子里；
> 4. 把家里所有的地面都扫扫拖拖。
>
> 我估计下午回来，拜托啦！爱你哦！

这样罗列出明确的动作点，对方在操作的时候就知道从哪里下手了。告诉先生回来的时间（下午），给了他明确的时间节点。再加上最后爱的表达，在你们情感账户充足的情况下，家里大概率会如你所愿变得干净整洁的。

第三步：建立正向反馈。

无论最后打扫成什么样子，千万别忘了最后一步——建立正向反馈。可能一开始伴侣没有办法达到你心目中的标准，如果你通过批评促进对方业务能力提升，那么最可能的情况是对方直接罢工。这是我们发挥女性优势的最佳时机，千万不要吝啬你的赞美之辞。我们可以找出几个伴侣做得好的点，"狠狠"称赞一下。

这里给你提供一个夸赞公式：你的正向情绪 + 对方做得好的细节 + 鼓励赞美。

比如说，我们回家之后看到卫生已经打扫得七七八八了，伴侣正在书房玩游戏，如果是以前很有可能一些妻子就要爆发了，开始数落对方没有打扫完卫生，哪里哪里做得不好，居然还好意思玩游戏，自己出去一天多么辛苦之类。那么现在，掌握了夸夸公式，我们就可以套用进去。

> 亲爱的，我好惊喜（正向情绪）啊，你居然已经打扫了这么多了。我注意到你把沙发上的衣服都收起来了（对方做得好的细节），也太仔细了吧。我觉得你真的做得特别好，特别感谢你为这个家的付出（鼓励赞美）。

很多妻子会觉得不服气，丈夫作为家庭的一分子，做家务本来就是天经地义的，为什么还要费劲夸他？我的理解是，家庭相当于是夫妻合营的公司，想要让这个公司顺利发展，我们当然要跟合伙人处好关系。如果一开始你的合伙人并不知道要分担家务，或者是承担更多家庭责任，我们当然有责任给他提供一份职责说明，让他更快地进入"营业状态"。

更何况，家庭可不是做事的公司，只要把事情做好就行了。家是一个讲爱的地方，做事之前往情感账户充值，做事之后给对方积极正向的激励，都是爱的体现和表达，又何必讲究是谁先做谁后做呢？

（二）如何避免在隔代养育中憋出内伤？

提到隔代养育，大家态度两极分化特别严重。赞成的会列举出种种好处，比如说父母比保姆家政更尽心更安全，能够节约我们的时间精力更好地在事业上打拼，有助于促进大家庭的关系，还能锻炼父母身体，等等；反对的会超级抵触，比如说好不容易逃出原生家庭不想让孩子遭罪，让公婆带娃容易受夹板气，老人容易溺爱孩子，老人教育观念跟不上，等等。

甚至有妈妈这样说："我知道甘蔗没有两头甜，问题是不管让哪边的父母带娃，我感觉自己消耗的能量远远大于他们帮忙节约的时间精力，偏偏所有人都劝我要惜福，真的是太憋屈了。"

我们这代人很多都是独生子女，加上工作生活经济压力，与其说是"请父母帮忙带娃"，不如说是"不得不请"。即使家里雇用了保姆，父母也难免会不放心总会来看看，一来二去，隔代养育是绕不开的话题。就算你不是独生子女，孩子刚出生的时间跟我们的事业上升期重合，从经济收入的角度看，放弃事业并不划算，请一方的父母帮忙无疑是一个重要的选项。

既然绕不开，我们倒不如直面问题，处理隔代养育中的能量内耗问题。既能让父母觉得自己付出得有价值，成为自己真正的助力，我们自己也不会觉得憋屈，这才是真正理想的状态。

在这里，我分享一个隔代养育的"3+2法则"，三个步骤，两种信念，帮助你开心、舒心赢得父母的助力。

首先我们看看操作的具体步骤。

第一步：把握重点。

首先，我们要明白老人过来帮我们带娃，不是闲得无聊找事做，而是希望我们更好、希望孩子更好。无论我们和老人在

带娃上存在多大的分歧，我们的核心不变——希望孩子好。

我见过很多家庭争执的双方，都高举着为孩子好的大旗，其实却是在为自己争输赢论长短。但其实换个角度去看，如果我们都是为了孩子好，那么能不能站在对方的视角思考TA这样做，到底是出于什么样的考虑。

我在孩子6个月的时候，曾经因为辅食添加的顺序跟婆婆默默对抗。她觉得这个时候孩子应该喝小米粥，上面飘着的一层粥油是大大的好东西，我则认为这个时候不能着急加自己做的食物，应该吃专门的婴儿米糊，让孩子有个食物适应期。虽然没有直接起冲突，但两个人总是会有种明着暗着较劲的感觉（也可能是我过于敏感）。今天婆婆说超市里上了一种十几块钱一斤的小米，特别黄，直接抓起来闻着都是香的，我老公小时候吃的就是这种好小米。我一边应和说贵的东西就是好，一边给她看网上几十块钱一小盒的婴儿米糊，说这个东西都是经过专业的科学配比的，孩子吃了不容易过敏。几天下来，谁也没有说服谁。

我先生也逐渐瞧出家里诡异的气氛似乎是围绕着孩子的第一口饭产生的。他于是问我："你觉得咱妈会不会害花生？"我下意识地说："怎么可能，咱妈恨不得比我还疼花生，怎么可能会害自己亲孙子？"他继续说："你们俩好像最近一直在讨论花生第一口饭到底吃什么，但是既然你们俩都不会害花生，你们到底在讨论什么呢？"

这句话突然点醒了我，回归核心，我们都是希望孩子好。更何况孩子第一口吃什么并不是我或者婆婆说了算的，而是孩子自己的体质说了算的。既然是这样，干脆就把两种食物都买回来，先让婆婆试着给孩子喂点小米粥看反应，再试一下孩子吃米糊的反应不就好了？吃什么不重要，关键是如何吃、吃多少分量让孩子度过食物的适应期才是最重要的。想通了这一点，我跟婆婆说："妈，不如你先买点小米给花生熬粥试试，看看他反应怎么样，我过两天再给花生试试米糊，反正以后都是要吃的。咱们分开试试，只要对花生好就行。"没想到我这样一说，婆婆立刻说："还是吃米糊吧，毕竟是小孩专用的，米粥说不定花生还消化不了呢。"就这样，我和婆婆的一场争执消失于无形。

其实，当我们跟老人因为某个细节争执不下的时候，完全可以退一步，回归核心——都是为了孩子好。既然如此，我们可以把目光放得更远一些，或许你会发现，所谓非此即彼的争执，完全可以变成一个双赢的结局。

还有一点需要提醒大家，很多妈妈会发现有了孩子之后，父母公婆很有可能只顾孩子，忽视了你的需求。这很正常，毕竟在他们心目中，来这里的目的是照顾孩子而不是你。想通这一点，你的心里也会好过很多。

第二步：明确权责分工。

如果说生娃之前，已经成家后的我们跟公婆可以偶尔交集、互不干涉，而有了孩子，我们必须学会与老人协作和相处。

我听过一个特别有意思的比喻。如果说把家庭比作一家公

司，那么婆婆就相当于这家公司的空降高管，负责家庭的核心业务——照顾孩子。高管的能力虽然强悍，但创始人能不能用好高管，考验的就是我们的智慧。

一开始我并不知道要划分权责的道理，于是小到孩子什么时候该剪指甲，大到什么时候要体检，我和婆婆都要小心翼翼地商量一番。我怕她不满意，她也怕我不满意，时间长了两个人心里都很累。后来我提出划分权责，婆婆主动表示，平时看到我工作比较忙，孩子的吃喝拉撒她全包了。考虑到婆婆睡觉轻，如果哄睡陪睡估计一晚上都会失眠，我下班到晚上入睡的时间由我来照顾孩子，她可以好好休息。这是权责分工表，虽然没有必要像工作一样打印到明面上，但至少这样大家对彼此的权责和界限都清晰了许多。

妈妈	奶奶
教育孩子、陪玩游戏 白天上班，晚上陪玩哄睡	吃喝拉撒 白天照顾娃，晚上回家睡

妈妈、奶奶权责划分

通过划分权责，家里的分工就变得清晰很多。婆婆再也不需要连早上穿什么都要跟我商量，我也能从决策孩子的大小事务中解放出来，更重要的是，因为我们有了分工，反而可以相互分享在照顾孩子过程中各自遇到的趣事。婆婆会跟我说花生今天吃了什么玩了什么，我也会跟她吐槽昨天晚上哄睡的时候花生是如何折磨我的。彼此的关系也越来越融洽。

这样的权责分工不仅限于我们妈妈和老人之间，爸爸也要承担一定的责任。考虑到我老公在异地工作，日常确实插不上手。他回家的时候，基本上教育、陪娃、吃喝拉撒都是他来照顾。

想要做好权责分工分配，一是要发挥各自的优势。比如说更注重细节的人可以照顾孩子的饮食起居，有教育经验的人可以承担孩子教育的责任。这是需要全家共同协商和磨合的。

二是给对方足够的信任。有些妈妈问我，怎样才能让老人按照更加科学的观念照顾孩子？这个问题本身自带结论：老人的养育观念已经过时了，我的养育观念才是最对、最科学的。先别忙着判断到底谁对谁错，谁才是走在科学的前沿。我们首先要问问自己，当你请老人照顾孩子的时候，你真的有给老人足够的信任吗？很多妈妈理智上觉得老人照顾的是自己的亲孙子、亲外孙，肯定不会对孩子不好，但从情感上，初为人母的我们更多的是不放心不放手，总觉得孩子在自己手里才是最好最安全的。从这个想法出发，自然看谁都觉得不够靠谱，不够"科学"。

或许从老人的角度看，你才是"不靠谱"的那个。毕竟老人已经有过一定的养育经验，而你只是一个新手妈妈，说不定

在妈妈或者婆婆眼里，你还是一个没长大的宝宝，怎么可能照顾好一个更小的宝宝呢？

这时候，信任就显得非常珍贵。

信任意味着你可以放心地让老人帮忙照顾孩子。一旦协商好彼此的分工，就告诉自己，从现在开始管好自己的嘴、管好自己的手，充分放权，别打着"科学养育"的大旗来征讨老人。

更重要的是，不要把家庭当法庭。老人的生活习惯、行为方式已经基本上固化了，无论对错，改起来都是很困难的。作为成长型父母，我们自然要有更大的包容尺度。家本来就不是一个讲理的地方，没有对错，要的是双赢。如果老人的做法确实让你觉得不舒服、不妥当，那么我们可以提出自己的看法，并且协商解决方式。尽可能把"不对，你应该……"的句式，替换为"好的，我们还可以……你觉得呢？"这样的句式，不是直接否定、指导，而是肯定并且建议，把做决定和改变的选择权交到对方手中。

一位妈妈说，当她看到老人用嘴尝完米粥之后再喂给孩子的时候，她并没有直接打断老人的做法，而是去厨房里拿一个新的勺子，放在旁边，笑着跟老人说"妈，你是在给孩子试试粥的温度吗？您也太细心了，我刚刚拿了个勺子，您看看用不用得上，咱们大人嘴里细菌多，你说餐具分开会不会好一点？"

这样一来，她既表达了自己的想法和观点，老人也不会觉得被冒犯，大家都回归到照顾孩子的核心上来了。

对我来说，只要不是涉及孩子生命安全和品性培养的原则性问题，我绝不会干涉其他人的做法。这样自己轻松，别人也放松。

第三步：学会为情感账户充值。

在上一节里，我们提到了要给伴侣的情感账户充值。同样，老人来照顾孩子，我们也要学会给父母公婆的情感账户充钱。

最开始我以为让婆婆开心就是给她买买买，无论她说什么做什么我都接受照做。于是我花上千块钱给婆婆买衣服，结果根本没见她穿着。她认为衣服要及时洗，我嘴上答应得痛快但又总是忘记，因此搞得她很不满意。这样的小事不断累积，时间长了，不仅自己觉得累，婆婆也会觉得不自在。后来我意识到，这不是真正往情感账户充值，而是偷懒的做法。我在给她买衣服之前几乎从来没有商量过，根本不知道婆婆的真实需求；应诺着自己根本做不到的事情，其实会显得更加不真诚。

往对方情感账户充值的方式，根本不是我们自己设想出来的，而是由对方决定的。我们真正能做的，其实只有两个字——真诚。

真诚的第一个层面，是从对方的角度思考，TA到底想要的是什么。比如说观察老人日常的行为，如果衣服已经磨损了，可以问问对方想要一件什么样的衣服。如果看老人上下楼拿东西吃力，可以买一个爬台阶的小购物车送给对方。如果看TA走

路走一会儿就累了，为对方买一双舒适的鞋子也是一个很好的选择。这才是真正的设身处地。

后来我问婆婆为什么没有穿那件衣服，婆婆说，那个样式穿上去显得整个人特别臃肿，一想到价格还这么贵也舍不得送人，就只好压箱底了。这时我才意识到，我送给婆婆衣服的时候，居然连一个退换货的机会都没有给她。

真诚的第二个层面是真实地表达自己。当我如实地告诉婆婆，自己真的做不到及时洗衣服的时候，我的内心反而是无比坦然的，这才是真实的我呀！我不再需要含糊遮掩自己的想法，整个人的状态都松弛下来了。更加神奇的是，当我展现出一个更加真实的自己，并且明确表达自己需求的时候，婆婆也变得包容了许多。或许在她眼中，我也不再是一个外人儿媳妇，而成了她的孩子。

有妈妈告诉我，她的妈妈特别强势，让自己有一种完全张不开嘴的感觉。我给她的建议是勇于表达出自己的真实需求，对方才能真正了解你的底线在哪里。一次她早上要出门办事，当她妈妈第三次提醒她要如何如何处理这件事的时候，她对妈妈说，"妈，谢谢你的提醒，你的好意我收到了。今天你已经提醒我3次了。说实话，这件事我有自己的处理想法。我希望能够自己处理这件事，可以吗？"她说当时自己的妈妈非常惊讶地看着她，半天没有说出话来。等她回家的时候，原本以为会迎接一通暴风骤雨一般的数落，没想到妈妈不仅没有再提这件事，还跟她聊今天上午照顾孩子的趣事。她说自己那一刻甚至有种想哭的感觉，原来表达出自己的真实需求也没有什么大不了的。而且妈妈也比之前更理解她了。这份理解，其实就是往彼此的感情账户充值的过程。

说完了3个步骤，我们再来解决更底层的观念问题。

第一，学会感恩，更要能够课题分离。

我和先生在决定要娃之前，就讨论过谁来照顾孩子的问题。当时我们俩就明确一个重要的观念——孩子是自己的，无论谁家父母来，我们才是孩子养育的直接责任人，父母来我们感恩，父母不来我们理解。我们会把这个共识分别传递给自己的父母，告诉他们，不管来或者不来，我们都完全尊重你们的选择，如果两边的老人都不来，孩子是我们的，我们夫妻二人也可以想办法解决。这样的表达无形中帮老人卸下了很大的心理负担，想来照顾孩子的老人不用担心帮孩子帮出错来，确实没办法来或者不想来的老人也不用担心孩子埋怨自己。最重要的是，我和先生分别跟自己的父母表达，也避免了两边的老人为了照顾小孩的事情相互猜测和博弈。

接着，我们还要学会"课题分离"，也就是说，我们要勇于承担作为父母的第一责任，并且勇于斩断原生家庭向下传递的负面能量。

我见过很多妈妈，因为自己的原生家庭充满了控制和压迫，

所以当自己有了孩子的时候，会不自觉地去控制压迫孩子，或者是反向完全放任孩子。尤其是当自己的父母照顾孩子的时候，童年的创伤就会再度被唤醒，然后向父母、孩子大发脾气。甚至很多妈妈完全没有意识到，这是自己潜意识的反抗，她们会说，老人不应该溺爱孩子，老人的教育观念太落后了，等等。其实她是在自己孩子身上看到了那个曾经没有得到足够爱的自己。这个时候，我们要对自己的情绪和反应有充分的觉察，理解自己强烈的情绪背后，自己小时候没有得到满足的需求。一旦你看到了，这些需求就会慢慢得到疗愈，情绪也会慢慢消散转化。

这里的"课题分离"就是学会把你和小孩的关系、老人和小孩的关系、你和老人的关系，分开来看待。

曾经有位妈妈跟我说，自己孩子1岁了，从孩子出生起就是婆婆过来帮忙，确实省了不少心，但有时候自己想要做什么，婆婆嘴上不说，却完全不按自己说的做。之前自己专门给孩子买的零食辅食，婆婆放到过期都不会拿给孩子吃，说外面买的不健康，扭头就去小区门口的小卖部买几毛钱的糖，说是孩子吵着要的，没办法只能买了。一来二去，搞得她特别气闷。

后来她了解到"课题分离"的概念，就在纸上罗列出哪些是属于自己和孩子的事，哪些是婆婆和孩子的事，哪些是自己和婆婆的事，经过梳理，她发现，自己之所以气闷，是因为婆婆没有把自己买的零食给孩子吃，会让她觉得自己跟孩子的关系变远了，这种疏离感才是她觉得不舒服的原因。至于婆婆给孩子买糖吃，本来就是婆婆和孩子之间的事，而且仔细观察下来其实一周最多给孩子吃一次糖。与其说是因为觉得对孩子不好才格外反对，不如说是自己为了回应这种不舒服的情绪而放大的细节。这让她突然意识到，原来自己在婆媳关系里，一直对婆婆有潜在的"敌意"，所以哪怕一件很小的事情，也会因为这份敌意而放大。其实自己和婆婆的关系完全没必要这么紧张。

经过分析，她把这3层关系梳理清楚，内心的气闷感也烟消云散了。

第二，管理预期，学会放过自己。

很多妈妈没有意识到，当自己抱怨别人带娃不给力的时候，其实内心偷偷地设定了一套的"应该守则"。比如说，老公"应该"把沙发上的东西收起来，婆婆照顾娃的时候"应该"考虑到营养均衡，"应该"让孩子穿上鞋子跑这样才不会着凉，"应该"鼓励孩子自己吃饭而不是追着喂饭……

事实是事情没有按你心里的"应该"发展才是常态，如果你无法觉察这一点，那么无论发生什么你总会觉得不满意。

很多人会羡慕我，说你可真厉害，好像不管什么事到你这里都不算事儿一样。我说，哈哈，我心大。还会再加一句，心都是慢慢撑大的。那些所谓的"应该守则"其实都是我们没有察觉到的自我限制。正是一件又一件触动我们情绪的小事，会让

我们意识到自己为自己设下的限制。先别忙着捍卫自己的"领土"，试着调整一下自己的预期，问问自己，这件事必须按我的想法做才是最好的吗？对方的方案合理性在哪里呢？哪些方面是我可以接受的？有哪些是我没有意识到的，我可以做哪些调整呢？

这样问下来，你会发现整个世界都敞亮了许多，调整预期不是迁就别人，而是拓开自己的世界，放过自己的英雄之旅。

当然，我们跟父母公婆的相处和协作本身就是一个很大的话题，甚至很多人终其一生都困惑不已。这三个步骤和两个信念，能够在一定程度上帮助你更好地完成与老人相互协作照顾孩子的任务。更重要的是，我们要明白，无论请老人帮忙还是与老人相处，我们始终是有选择的，不必憋出内伤。如实地表达自己，才能更好地跟世界相处。

（三）出去赚钱请保姆照顾孩子值得吗？

提到人力扩容，我们就必须讨论一个话题，雇用保姆到底划不划算？现代社会的生育保障功能越来越完善，只要我们想，几乎任何照顾孩子、料理家务的事都可以雇人来做。同时，我们仍然会在女性人物访谈节目中看到这样的说法："她非常重视孩子的教育，宁愿牺牲自己的事业，也要亲力亲为照顾孩子长大，没有雇用一位保姆，事实证明她的孩子也都非常优秀。"如果我们仔细咀嚼这句话，会发现社会不自觉地用孩子的优秀来评价女性的成功，似乎亲自带娃是女性负责任的表现。我们常常会听到这样的说法："××妈妈太厉害了，这两个孩子都教育得这么优秀。""你看这个孩子这么不懂事，也不知道他妈妈怎么教的？""有好多事业特别成功的女人，没把心用在孩子身上，结果孩子都没什么出息，看她老了怎么办。"

面对这些评价和审视的时候，妈妈们倍感压力，一部分妈妈决定安心带娃，亲自教育孩子，绝不雇用保姆；也有一部分妈妈奋力挣扎，在家庭和事业的平衡中精疲力竭。

到底要不要请保姆？

我们首先要明确聘请保姆的目的是什么。

　　青青是一位 3 个男孩的全职妈妈，自己要照顾 3 个孩子的饮食起居。她的家庭经济条件不错，但她从来没有请过阿姨，也没有让父母公婆过来帮忙。很多人对她说，你一个人带 3 个娃太厉害了。只有她自己知道，自己真实的状态是什么样。

　　每天一睁眼就要开始忙着给老大、老二做饭，然后送他们去学校、幼儿园，还得给老三穿衣服，上午连轴转，打扫卫生做家务，常常顾不上照顾老三，用她的话说，感觉每天就像打仗一样一刻不停。在这种情绪状态下，先生成了她最好的情绪出口，几乎每次先生在家她都会抱怨自己有多么辛苦，先生建议请个阿姨，她说为了给家里省点钱，自己做就行了，然后继续抱怨。直到有一次她听到我提到雇用阿姨其实是在释放自己的生产力的时候，她突然意识到自己之前拒绝先生的建议，其实是觉得自己作为全职妈妈没有工资，谈不上生产力，但从来没有想过，其实保护自己的精力更好地照顾孩子，才是更大的生产力。

于是，她主动跟先生提出要聘请保姆，先生立刻就答应了。事实证明，有人分担她的家务之后，她也能把更多精力投到陪伴孩子、教育孩子上。自己不再过度疲惫，孩子的哭闹也少了，对先生的抱怨也明显少了，整个家庭的幸福指数都有了很大的提升。

当你开始考虑要不要雇用阿姨的时候，其实真正要问自己的是，我希望把哪些工作外包出去，哪些工作是可以外包出去的？

对我来说，陪伴孩子，用言传身教的方式教育孩子是我不会外包出去的"工作"，也乐意亲力亲为。陪孩子玩耍确实会消耗我的体力，但这件事同样可以补充我的心理能量。相比而言，做家务更多的是消耗我的时间和心理能量，我会坚决把这部分外包出去。

一开始，我也不是那么坦然，尤其是当别人听说我家里婆婆给力、请了阿姨的时候，那种"怪不得你可以做这么多事，原来是你有外挂"的表情会让我特别不舒服，好像我的成就都是"作弊"得来的。后来我想通了，不管别人什么反应，最重要的是我知道自己想要的是什么，明确了一点，我会大大方方地求助外援，也会更加感恩别人的付出。

在跟阿姨相处的过程中，我们要学会清晰表达自己的需求。

还记得上面提到的跟伴侣沟通的例子吗？清单式的表达方式同样适用于我们跟保姆的沟通场合。一开始对方是不了解你们家里面的规则和规矩是什么样子的，如果你能够跟她讲清楚，需要打扫哪里，重点打扫哪里，哪里可以不那么认真，那么对方的工作效率提高了，你也不用时时刻刻盯着别人干，这就是一种双赢的局面。

如果你是聘请保姆打扫卫生的话，可以提前列出这些问题的答案，让她更快地进入状态。

1. 打扫房间的顺序是什么？

2. 哪个地方需要重点打扫？

3. 哪些地方不需要打扫或收拾？

4. 时间控制在多长时间之内？

如果家里聘请钟点工，我们同样可以提前列出规则，比如说主要希望对方完成哪些工作，做到什么效果，等等。这样双方再次进行沟通的时候，就能更加具体地评估实际效果。

另外，我们要学会鼓励对方。

每个人都会有被看见和被需要的需求。即使是雇用的保姆，也渴望被人看到她的付出和努力。有研究表明，如果你在办理宾馆入住手续的时候，对前台说一句："我看到你操作好熟练啊，真是太厉害了！"那么你入住手续的办理时间会比其他人快一倍。

对别人的赞美和激励就是给别人打光的过程，每个人都打一束光，这个世界就会多一分明亮。真诚地看到对方的需求，表达出我们的善意和"看见"，你会收到十倍百倍的善意和回馈。

有一次，我看到阿姨在打扫房间时不停地打喷嚏，于是问她："阿姨，你是不是有点不舒服，是家里的灰尘有点大吗？我这里刚好有口罩，你戴上会舒服一些。"阿姨特别感激，不仅帮我把明面上的灰尘擦干净，还把我的书桌和

床铺都收拾得干干净净，这些原本是不包含在服务范围之内的。临走的时候，她还给了我好几个特别结实的垃圾袋，让我留着备用。

没有人不渴望被看见、被赞美，哪怕是我们雇用的保姆也同样希望得到肯定。从我们的角度看，我们也更希望别人能够用更高的标准完成工作。如果是单纯的雇用关系，那么对方做到80分就已经是很有责任心了。但如果你给了赞美和激励，那么对方极有可能做到120分。开启双赢模式的钥匙就在你的手中。真正的认可和信任不是当着别人的面巧言令色装出来的，而是你切切实实信任对方，并且真心感谢对方的付出。这是一种强大的力量，最终产生的结果会让你看到神迹。

最后，我还要提醒一点，当你请人帮你做事的时候，要允许混乱，允许这件事不尽如人意。

日本女医生吉田穗波在全职工作的同时，陆续生了5个孩子，还到哈佛留学两年。同时，她把自己时间管理的经验写成了一本书。在她看来，多项事情齐头并进乱作一团是必然的。

一旦有了这样的心理准备，我们就没有必要纠结细节，对待别人的帮助也能怀着更加感激的心情。

亲子时光：如何引导孩子学会收纳？

作为妈妈，大概最头痛也是最无奈的就是转个身的工夫，全家已经被孩子弄得好像刚抄过家一样。这时候很多妈妈会忍不住血压飙升，开启河东狮吼模式，"×××！快把房间收拾干净！"

如果娃还比较小，没有收拾的能力，妈妈会有种如遭雷劈的感觉，已经完全想象得到等会儿辛辛苦苦打扫卫生、收拾东西的疲惫场面，时间长了，真的会消磨一个人的心力。

其实收纳这件事情并没有那么困难，一个两三岁的宝宝，经过合理的引导也是能够知道把东西进行归类的。

首先，我们要划定出一个专属于孩子的儿童区。这个儿童区的意义就是能够让孩子有一个专属的空间，同时他的绘本和玩具也不会散落在家里各个地方，增加收纳和整理的难度。如果孩子有自己房间的话，儿童区可以考虑放在孩子自己的房间。对于年龄比较小或者是没有自己单独房间的孩子，在客厅或者是阳台开辟一块专属于他的地方，是比较好的选择。

客厅属于全家的公共活动区域，孩子在这里玩耍，家长也更容易照顾得到，不会发生一些危险或者是不可控的事情；把这个活动区设置在阳台的话，孩子玩耍区域更明亮也更通风。

拿我们家来说，我就在阳台上开辟了一块独属于孩子的游戏阅读区，并且铺上了一块垫子，那么就把他的活动范围限定在了垫子上面。即使玩具会时不时地散落在沙发或者是卧室的床上，整理难度也要比完全没有区域限制要小得多。

其次，我们要对这个儿童区进行功能的划分。比如说这个区域是专门放孩子玩具的，另外一个区域是专门放孩子绘本的；甚至还可以进行更加细致的区分，比如说我们家的收纳柜第一层是放孩子的小汽车，第二层是放一些拼插类的积木玩具，第三层是放火车轨道类的玩具。这样孩子在找玩具的时候也会非

常清晰，我们在引导孩子放玩具的时候也能更好地跟孩子描述什么玩具在什么地方。

再跟大家分享一个小技巧，小朋友对于图形的感知力是比较强的，我们可以通过区分收纳盒的颜色，或者是在收纳盒上贴上相应的图片来引导孩子更好地收纳和找到自己想要的玩具。我们家的收纳柜每一层都用一种颜色来作为区分，第一层是红色，第二层是黑色，第三层是黄色，这样即使是偶尔东西摆放错位，也不至于发生乾坤大挪移式的什么都找不到的情况。物品这样去进行收纳，还能够间接锻炼孩子对于空间的感知能力，比如说我们可以在请孩子把积木放回去的时候告诉他要放在第二层的第三个格子里，这样孩子就能够建立起一种横向和纵向的空间感，对于提升他的空间感知度和思维能力都是非常有帮助的。

最后，我们要让孩子明白，收纳是他的责任。我经常对我们家宝宝说的一句话是："玩具是你的，收拾玩具是你的责任，如果你需要帮助，我愿意来协助你，甚至我们可以共同合作来完成，但是这些玩具如果你不想收拾，我是不会替你来完成这件事情的。"所以，我们家小朋友从3岁开始就知道收拾玩具是自己的事情，即使妈妈帮忙，那也是他的事情。如果他这会儿不想收拾的话，我会和他用比赛的方式来调动他的积极性，或者是设定一个某某超级队执行任务的游戏，跟孩子一起完成这次超级任务。

每次当孩子顺利完成对书和玩具的收纳之后，我也会及时给他积极的肯定。比如说："天哪，花生小英雄也太厉害了！只用了 10 分钟就把所有的玩具都收拾起来了，我简直不敢相信！你果然是一个对自己负责任的小朋友，你认可我的观点吗？"

这样的一顿彩虹屁，我们家娃是特别受用的，于是他就会更加认同自己是一个为自己负责的人，在下一次收拾玩具的时候也会更加积极。

当然，我们也要管理好自己的预期。对于小朋友而言，他心目中或许有一套跟你完全不同的收纳秩序。可能他收拾的结果在你看来还是乱糟糟的，但一定要问一下孩子，你对目前这样的状态满意吗？一定要忍住直接否定他的欲望，甚至不要当着孩子面重新收拾玩具，这是在直接否定他。我们可以用这样的句子引导孩子："你做得非常棒，让我们来看看，还有哪里可以提升呢？一起来试试看吧！"

巧用工具：让智能家电变成你的秘密机器人

古人说，工欲善其事，必先利其器也。一个好的工具对于提高我们的效率是非常重要的，还有一句话叫作"君子性非异也，善假于物也"，也是讲我们要善于使用工具来提升效率。

我对生活品质有一定的要求，又不喜欢费时间精力去打扫收拾。智能家电简直就是拯救我的利器，提升生活品质的同时，为我节约了大量时间。

在这里主要跟大家介绍 3 类智能家电，它们能够大大地提升生活的效率和质量。

第一，厨房家电。

现在大部分家电都有一些定时的功能，比如说电饭锅、养生壶、烤箱，等等。尤其是具备预约功能的家电，对于早上时间紧张、几乎分秒必争的我简直是大大的福音。

比如说我会在晚上临睡之前用我们家蒸煮一体的电饭锅来准备早餐，下面放着红枣姜茶的配料（六个掰碎的红枣和三片姜，偶尔放一块红糖），上面放着玉米或者是山药，再配一个鸡蛋蒸煮。等到早上吃的时候，只要打开盖，稍微凉一凉就可以吃了，效率特别高。

如果想要换个口味就可以用家里的面包机，提前放上制作面包的各种配料，然后预约好时间，第二天早上就可以吃香喷喷自制的松软的面包了。

养生壶或者是专门熬中药、炖补品的电热壶，都可以直接设定相应的程序，把佐料放进去就可以收获美味的食物了，完全不用看着锅，绝对是既提升幸福指数，又解放老母亲的好东西。

另外，净饮一体机也是特别棒的选择，接上自来水就能直接喝到过滤消毒过的恒温水，对于急吼吼要喝水的小朋友和来不及烧水的妈妈，是大大的福音。

第二，打扫家电。

我们家具有打扫卫生功能的家电主要有 3 个：一个是自动扫拖一体的机器人，一个是手持的吸尘器，还有一个手持的除螨仪。

有时候，老人看扫地机器人干活的时候总会特别着急，生怕机器人这里没有打扫干净，那里没有转过去。总觉得还是自己打扫的房间干净一些。我也不会强制要求他们使用，主要是我来操作。

其实用扫地机器人确实需要一些技巧。首先是在使用之前一定要注意把家里的线、衣服还有塑料袋等容易被机器人吸进去的东西捡起来。其次，如果孩子的玩具正在儿童区散落一地的话，我们可以设置虚拟墙，让机器人不要转过去，这样也能避免一场孩子撕心裂肺哭诉自己的作品被机器人毁掉的家庭灾难。最后，最好是趁着孩子不在家的时候用。孩子在家的时候很有可能打扰机器人的清扫路线，尤其是我们家小朋友只有几岁，经常会出于好奇按下机器人的暂停和重置键，所以我一般都会选择孩子不在家的时间使用。如果能够避开上面提到的这3点的话，那么你会发现机器人清扫过的地面是这么干净和光亮，而且还不用弯腰打扫卫生，真的对老母亲太友好了。

至于吸尘器，有些时候地上一些碎头发或者是渣渣用扫帚扫不干净，专门让机器人来打扫又觉得不至于，手持吸尘器就派上了用场，而且我们家的吸尘器是无线的，打扫汽车也很方便。不过我使用的频率其实并没有那么高，主要是觉得用久了手酸，只是作为局部打扫的补充手段。

家用除螨机更多的是在床上或者是沙发上使用，虽然手持吸尘器也配了一个除螨的机头，但我个人觉得专门的除螨机有紫外灯杀菌的功能，于是就专门买了一个来打扫床、被子、沙发等，真的会有一种不吸不知道一吸吓一跳的感觉。

第三，智能家电。

我们家有一个智能 AI 的小音箱，可以定闹钟、查天气、问时间、放故事，还能当蓝牙音箱使用，价格非常友好。不过，它偶尔会发生一些乌龙事件，比如说家里人正在聊天，突然间小音箱就会说："您好，我在，请问有什么可以帮助您的？"如果你真想要找它帮忙的时候，它反而有可能不回应。

如果你能接受这一点的话，就会发现这个小音箱还是很能提高幸福指数的。比如说你从外面回家感觉特别累，就让它放一点轻音乐；或者是打扫卫生的时候觉得比较无聊，就放一点音频；或者是不想给娃读书的时候，叫它播放故事。

最后我想说，很多智能小家电是有很多功能的，尤其是厨房家电，一个养生壶说不定就有 20 多种功能。与其花钱花精力去购置新的智能家电，承担更加专业的功能，我们倒不如用好手头的智能家电，尽可能把它们的功能都开发出来。比如说我们家的养生壶就承担着烧水、煮茶、炖盅、保温的功能，最开始买的中药壶只是为了熬中药方便，不用时时刻刻盯着锅，后来发现煲汤也很好用，于是它的功能就得到了拓展。

当然到底哪些家电实用，哪些家电没必要买，是要经过我们长期生活和实践，逐渐总结出来的。这个总结的过程也是一份独特的体验，让我们活得更加有效率，也更有生活的烟火气。

第六章

You：把精力当投资，活出生命的意义

前面的内容，我们一直在探讨如何提升精力的问题，解决妈妈们精力不足的问题。很多妈妈告诉我，自己通过锻炼、饮食、休息，确实达到了一种能量满满的状态，可还是感觉没有活出自己想要的状态。

爱因斯坦说："你无法用提出问题的思维解决问题。"

如果把精力管理比作一枚向上发射的火箭，最重要的不是填满足够的燃料，而是要知道去往哪里。

选择

怦然
心动的
人生

热情　　　　　　行动

精力管理火箭

这就是我们在本章讨论的重点：如何通过精力管理，活出生命的意义。反过来看，当我们拥有了自己热切向往的人生意义，这份意义感又将鼓舞着我们活出更加精彩的生命状态。

很多妈妈说，感觉自己已经三四十了，已经完全被工作、生活和家庭包裹住了，人生已经一眼望到头了。目前唯一的希望是孩子能够好好的，活出生命的精彩。在亲子教育上，我始终相信，父母的高度是孩子的起点，父母的眼界是孩子的天花板。如果我们自己都没有做到，又怎么指望孩子能看到和做到呢？把你对孩子的期待，化作动力去拼搏，才是对孩子最好的祝福。

在这个模块，我会从 3 个角度向你介绍如何找到属于自己的精力分配策略。找到你的热情，挖掘你的优势，明确你的选择，你会生活得更加从容快乐。

测试：你知道如何分配自己的精力吗?

真正的改变是由内而外发生的。现在，我想邀请你检视一下自己的信念，有多少影响你改变的限制性信念。

1. 我从来没想过把精力看作跟时间、金钱一样是资源。

2. 我有选择困难症，总是会怀疑自己的决定。

3. 我总是在事后才意识到自己陷入了无价值的小事里。

4. 我做什么都感觉无精打采。

5. 我觉得自己没有什么优势和能力。

6. 我很难有优势得到发挥的感觉。

7. 我觉得自己的人生一眼望到头了。

8. 我很容易拖延，要花很长时间才能行动。

9. 我很难坚持做一件事，总是三分钟热度。

10. 我总是在家庭、事业、生活中苦苦地挣扎着平衡。

如果你符合上面描述的 3 个以上的情况，那么你的精力分配还是很有问题的。你会很容易陷入迷茫、焦虑中，不知道如何选择、如何行动、如何突破当前的困境。接下来的内容会带给你一些启发。

第一节
选择：如何才能忙到点子上？

作为妈妈，我们简直是三头六臂的代言人，总有一堆事情等着我们去处理，一天下来风风火火，可真等到夜深人静的时候，我们常常会有些怅然若失的感觉：我今天到底忙了啥？

想要让每天都活出价值、活出精彩，我们首先要知道如何才能忙到点子上。

（一）把精力管理当成投资

你想到过精力也是一种资源吗？

我曾经在社群带着大家玩过一个"精力值拍卖"的游戏，每个人都有 5 000 点的精力值可以投到自己想要的事情上。不同的项目初始报价不一样，比如说一份自己满意的事业初始报价是 1 500 点，拥有一段和谐的夫妻关系初始报价则是 1 000 点。

在游戏进行的过程中，会有各种各样的突然事件，比如说全场玩家突然都"喜得二胎"，精力值直接减掉了

1 000，有的玩家精力值直接归零"猝死"了。

游戏结束时，玩家必须保证自己的精力值是 1 000 以上，才算是"活"下来了。整个游戏只有一个小时的时间，但大家纷纷表示想要"活下来"真的不容易。

游戏结束之后，我邀请大家用五个问题作为复盘：

1. 观察你拍到的东西和你投入的精力，你真的打算投入这么多精力去做这件事了吗？

2. 你希望这件事为你带来什么价值？它为什么这么重要？

3. 你选择的标准是什么？

4. 当出现了你想要却要不起的东西时，你是什么感觉？

5. 这个游戏对你最大的启发是什么？

晓宁说：做决策之前要慎重，精力是很宝贵的，在最重要最核心的事情上要果断，不要太贪心。

阳阳妈说：这个游戏让我看到了内心真正需要的。有些事一直想做但是迟迟不行动，通过游戏让我更清晰地看到了需要，有动力行动起来。

几乎所有复盘的小伙伴都提到了要把宝贵的精力投到最重要的事情上，避免浪费精力在不重要的事情上。通过这个游戏，大家都开始有意识地把精力看作一份人生需要经营的资源，要投资在自己觉得重要的事情上。下一次游戏的时候，大家会更加坚定地做出选择。

问题是游戏可以重来，人生却无法回头。

既然精力是人生的资源和财富，你会选择无知无觉任其消逝，还是合理规划果断投资呢？

如果你选择后者，从现在开始问问自己，我的精力到底价值多少？我要投资在什么事情上呢？

（二）你的选择，真的值得吗？

既然我们要把精力用在高价值的事情上，那么我们要如何评估这件事情的价值呢？

薇拉是一位创业妈妈，生下孩子 3 个月之后，就把孩子交给同城的父母照顾，然后继续回到自己热爱的创业事业上奋斗。她一直很享受这样的生活状态，大部分时间投到热爱的事业上，随时可以去父母家探望孩子。有一次跟一位同样生了孩子的同学交流，同学提醒她，如果现在没有把时间精力投到孩子身上，等孩子以后长大了叛逆，后悔就晚了。这让她开始困惑自己的选择，难道要放弃一部分事业来照顾孩子吗？

青青跟她的情况恰好相反，学医 8 年，读研的最后一年因为怀孕毕业之后直接成为全职妈妈。2 年之后，她又怀了第二个孩子，5 年之后是第三个。就这样，一不小心就当了 6 年的全职妈妈。看着当初还不如自己的同学成了大医院的主治医师，或是在私立医院风生水起，自己却逐渐跟社会脱节，有时候甚至不懂老公谈论的话题，她有些怅然若失，如果当初选择生完孩子出去找一份工作，自己的人生会不会跟现在不一样？

作为旁观者，我们无法评判谁的选择更对，谁的选择更值得。在人生的道路上，薇拉和青青都做出了自己的选择，这个选择究竟值不值得，取决于她们的价值观。

在职业生涯规划里，提到了个人在选择职业上的14种不同的价值观，包括成就感、审美追求、挑战、健康、收入与财富、独立性、爱、家庭与人际关系、道德感、欢乐、权利、安全感、自我成长和社会交往。

我们可以借助职业价值观的排序来分辨自己人生的价值观。

通过排序，薇拉的价值观排在前三位的是成就感、自我成长和挑战，青青排在前三位的是家庭与人际关系、爱、安全感。

这也就不难解释为什么薇拉会选择产后3个月继续创业，青青毕业就开始了全职妈妈的生活。薇拉的价值观第一位是成就感，创业能够让她获得极大的满足，而创业中遇到的问题也能让她接受挑战，不断实现自我成长。对于青青而言，她排在第一位的是家庭与人际关系，所以毕业之后选择家庭是她实现自我价值的必然途径。至于爱和安全感，同样是她做决定的时候作为核心考虑的，这也就是为什么当她看到别人职业获得发展，而自己没有经济收入的时候，会有焦虑情绪。全职妈妈的选择，无法让她有经济上的安全感；跟先生的共同话题越来越少，也会让她在关系上没有安全感，所以她想要尝试突破全职妈妈的身份，做出新的选择。

不过有趣的是，当她们看到自己的价值观排序后，之前困惑和纠结的情绪自然消散了。青青说，价值观测试就像是一个指南针，让她知道什么是重要的，她对自己的选择也有了更加明确坚定的方向。

这个方法，同样适用于你自己练习。

1. 对 14 个价值观词汇进行分类：特别重要型、比较重要型和感觉一般型。

2. 从特别重要型的类别中，说出你对这些词的认识和感受。

3. 根据你的感受，依次进行排序。

当然，以上只是价值观词汇中比较有代表意义的词。我还整理了一些人类普遍认同的价值观，仅供参考。你也可以从中选出你认同的价值观进行排序。

你可以在遇到重大选择的转折点进行测试，也可以每隔一段时间用来自检，都能让你对自己和自己选择的偏好有更加清晰的认识。

诚信、独立、自由、自然、快乐、智慧、决断力、和谐、自信、自在、热情、平和、安定、卓越、利他、舒适、美好、成熟、成就感、有抱负、想象力、坦诚、坦荡、真诚、勇敢、仁慈、自制、顺从、负责、理智、健康、爱、愉悦、圆融、接纳、才能、富裕、胆识、专注、平衡、乐观、才华、干净、沉着、清醒、合作、好奇、体贴、梦想、优雅、从容、兴奋、忍耐、期待、虔诚、率真、活力、创造力、同理心、清晰、准确、幸福、流畅、友善、幽默、谦逊、公正、独立、朴素……

（三）最好的选择到底在哪里？

当我们明确了自己的价值观之后，会对更容易做出自己满意的选择。可这个选择是不是"最好"的选择，同样没有人能回答这个问题。

作为妈妈、女儿、妻子、自己，我们不可能只根据自己的价值观做出最终的决定。当现实情况和身边人的意见不断冲击的时候，想要做出最优选择，我们可以从 3 个维度来寻找答案。

第一，继续投入 VS 及时喊停。

经济学上有个概念叫作"沉没成本"，用来描述我们过去对于某件事时间、精力的投入。当我们做选择的时候，会忍不住考虑自己曾经的投入，比如说全职妈妈想要重回职场，会不由自主选择跟孩子相关的工作，因为这是自己最熟悉也是过去几年投入最多的领域。但如果我们能放下自己全职妈妈的这段"职业经历"，重新梳理自己的职业技能和工作热情，或许就会做出不一样的选择。

这个概念也同样适用于计划与变化之间的平衡。

曾经有一个妈妈在年初跟着我制订全年规划，她说自己这一整年都要坚定不移地按照这个规划行动。可就在 3 个月后，她需要搬到另外一个城市生活，之前的规划有很多都不适用了。但她特别纠结，说自己已经规划好并准备坚定不移地执行，怎么能打脸反悔呢？我告诉她，做规划的目的不在于完完全全地执行，而是训练自己规划事情的

能力，既然出现了变化，那就及时喊停，重新调整就好了。她告诉我，自己听完这段话有种豁然开朗的感觉，然后花了两天时间跟先生一起重新做了年度规划，到了年底目标几乎全部实现了。

第二，风险 VS 收益。

如果你接触过投资，一定听过这样一句话，风险与收益并存共舞。

我们的人生选择，同样需要做出风险与收益的平衡。我曾经跟人探讨过这样一个话题：家庭与事业的平衡是伪命题吗？

在我看来，所谓家庭、事业、生活的平衡根本不存在，重要的是你能否清楚地意识到每个选择背后的风险和收益，并且做出你能够接受的选择。选择了拼搏事业，就有家庭关系紧张、亲子关系紧张、休闲时间紧张的风险；选择了家庭，就有社会价值缺失、经济难以独立、社交范围变窄的风险；选择了两者兼顾，就有时间精力不足、情绪波动不稳定、体力不支的风险。

我在做决定的时候，一定会问自己一个问题：如果我选择了这个方向，最坏的结果是什么？如果那个最坏的结果我都可以接受，其余可能的结局都是"赚"的。

我目前处于创业的状态，同时是一个 4 岁孩子的母亲，跟很多没有孩子或者孩子不在身边的创业者相比，我投入在事业上的时间确实会少一些。即使如此，我还是想再要一个孩子，收益很清晰：我喜欢孩子，并且也希望能够拥有一个四口之家，这会让我感觉非常幸福。

在做出最终决定之前，我认真评估了其中的风险：伴侣不在身边，万一遇到事情需要一个人扛；跟婆婆在养育观念上会有更多需要磨合的地方；事业上会出现一段平台期甚至是下坡期；身体状态有可能会更不稳定；家庭现金流会出现波动……

这都是潜在的风险，即使不会发生，我依然不能无视这样的可能性。

我觉得相比于未来没有生二胎的遗憾，这些困难都有解决的办法。我也从身体、情绪、沟通能力、统筹能力等多个方面做好了准备。

所以，我最终决定再要一个。做选择的时候有意识地评估风险，会让我们成为更加审慎的乐观主义者。

第三，长期视角 VS 短期视角。

绝大部分人在做决定的时候，往往只看到了眼下，却忘记了长远的未来。

有个刚生完宝宝的妈妈告诉我，她最近特别纠结，又想辞职在家带娃，又想回归职场继续奋斗，但是综合考虑之下估计还是要在家全职带娃，只能等以后孩子上了幼儿园才能出来工作了。我问她为什么会做出这样的选择，她说自己目前的月收入跟雇保姆的钱差不多，而且保姆肯定没有自己更尽心，这样一算，还不如回家带娃。

我说，我们重新算一笔账，你现在的工作只能拿 4 000 元的收入，确实不算多，可如果你持续在这个行业工作，以这个行业发展的前景和你的能力，3 年之后差不多能拿到 7 000 ～ 10 000 元的月收入。如果以 10 年为期，你的总收入就是：

$$4\,000 \times 12 \times 3 + 7\,000 \times 12 \times 7 = 732\,000\,（元）$$

如果你现在辞职，就算 3 年之后重新找工作，你的技能没有持续精进，说不定要从 2 000 元的工作做起。之后如果努力，再过 3 年拿到 7 000 元的工资，你这 10 年的总收入就是：

$$0 \times 12 \times 3 + 2\,000 \times 12 \times 3 + 7\,000 \times 12 \times 4 = 408\,000\,（元）$$

更何况，重回职场的你会不会面临更大的家庭压力，要你继续回家，或者再要个二胎？说不定又是 3 年时间。这中间的收入差距可就不止一倍了。

她听完我的分析，连连摆手："我可不想再要一个老二拴在家里。之前觉得请保姆不划算，现在我觉得太划算了。请保姆就是我职场竞争力的保证啊。不过这样一来，我照顾孩子的时间也少了，会不会对孩子不太好？"

我说，你会用"拴"这个词来形容自己在家的状态，就说明你更看重向外发展和社会交往，现在你刚刚做了妈妈，肯定是整个心思都扑在孩子身上，可如果你长期日复一日在家里照顾孩子、做家务，对你来说是一种消耗。请个保姆帮你承担一些琐碎的家庭事务，从长期看是更好的支持系统，对你、对孩子、对家庭都好。

她听完沉思了片刻说："你说得对，如果长期让我陷在家务中，我一定会疯掉，我明白要如何做选择了。"

行为经济学家通过研究发现，人们更容易基于当前的情况做出选择，忽视未来的效益和风险。我们做选择的时候，往往更在意这个选择对当下的状态产生的影响，没有看到未来更长远的可能。我们永远不可能穿越未来指导现在的决定，找到一个绝对最优的选择，但我们可以通过推演未来的可能，从而选出一个长远效益更大的方案。

在这里给你提供一个人生角色分配图的工具，帮助你更好地澄清现在、未来的选择。

把你当前所有的人生角色都列出来，比如说妈妈、自己、妻子、事业、朋友等。如果每个阶段我们都有 20 个格子，你打算在不同时期为每个角色分配多少个格子呢？

人生角色分配图

现在																				

1 年后																				

10 年后																				

自己：　　妈妈：　　妻子：　　事业：　　女儿：　　朋友：　　其他：

你可以使用不同的颜色来区别不同的角色。

画好之后我们可以问自己几个问题。

1. 当下我在哪个身份上投入最多，哪个身份上投入还不够？

2. 未来 1 年、5 年、10 年，我的身份会发生哪些变化？

3. 如果穿越到 1 年、5 年、10 年后，我的选择会发生什么样的变化？

很多妈妈用这个工具梳理完自己的身份分配和未来的变化之后，发现当自己的视角不再局限于孩子当下的发展时，她也能走出"妈妈的身份"，站在更加长远的视角平衡人生。

第二节
热情：活出自己喜欢的样子

巴菲特说："做我们所喜欢的，然后成功就会随之而来。"在现实中，很多妈妈的生活就像一潭死水，日复一日。她们既找不到生活的乐趣，更看不到未来有什么可能。好像成为妈妈之后，生活只是围着孩子打转，再也没有了自己的生活。

到底如何才能重新找回我们的热情，在行动和成就中不断为自己的生命赋能，活出自己喜欢的样子呢？

（一）什么阻碍了你的生命热情？

曾经有一个妈妈找我来咨询孩子教育的发展规划，我很好奇她为什么没有问自己的规划而是找我咨询孩子的问题，她说，感觉自己已经30岁了，未来的人生基本上已经定型了，无非就是按部就班，但是孩子不一样，他的未来还有很多可能，更需要做长远系统的规划。

这个妈妈不是个例，很多妈妈都会有类似的想法，觉得自己已经结婚生子，家庭事业生活已经平稳，基本上这辈子就"定

型"了，没有必要再折腾了，平平淡淡才是真。

其实有很多限制性的信念藏在这些想法里。

"家庭事业生活平稳"="生活定型"？

"活出生命的热情"="折腾自己"？

"活出生命热情"="打鸡血、慷慨激昂"？

"平平淡淡"="真实的生活"？

……

问题是这些等式真的成立吗？

归根到底，这些限制性的信念是因为这些妈妈根本不相信自己还有更多的可能。

在传统的社会观点中，女性就"应该"是"相夫教子"的存在。于是当我们进入婚姻、成为母亲之后，就自然而然地封闭了自己曾经的生命力，关掉了那些还没打开的可能性，做别人心目中的好妻子、好妈妈。但如果你愿意主动打破这些思维定式，就能重新找回点亮生命热情的钥匙。

（二）你的生命热情到底在哪里？

跟价值观一样，每个人的热情点都不一样。

我的第一大热情是"优雅富足的生活"，每次想到这种生命状态，我的内心都会涌起阵阵激动，感觉整个人都充满了力量。对我来说，优雅意味着我做事有自己的节奏，能够从容不迫地完成我想要做的事情；富足意味着我的物质条件充裕，精神世界也有自己的乐趣和栖息地。我做事做选择的时候，都会问自己，这件事会让我更加优雅富足还是会阻碍我走向优雅富足，如果是推动的力量，我就会带着极大的热情去做，如果是阻碍的力量，我就要停下来重新评估这件事的价值。

如果说我们平时做选择考虑的是过去的经历和现在的境况，寻找生命热情并且点亮的过程更多的是基于未来的视角，抛开现在的一切限制，去设想未来那个怦然心动、心潮澎湃的状态，当你清楚地知道自己的热情在哪里的时候，那些让你纠结的选项也就自然变得清晰无比。

我们可以通过热情测试来找到自己的生命热情。

1. 写下至少 10 条你未来理想生活的状态。

2. 请一位伙伴跟你一起，将这些热情排序，可以提问以下问题：

①活出 A 状态和 B 状态，哪种感觉更好？

②当你活出 A 状态之后，B 状态在你的世界完全消失，或者当你活出 B 状态之后，A 状态在你的世界完全消失，哪种情况你感觉更好或更不能接受？

3. 列出你的前五大热情，可以提取出热情关键词。

4. 为你的五大热情打分，如果已经活出这样的状态，是 10 分；如果完全没有活出这样的状态，是 0 分。

5. 针对你的分数，为你的五大热情制订行动计划。

这个测试可以在网上搜索"热情测试"，请专业的热情测试老师跟你一起解读，效果会更好。

很多小伙伴做完这个测试之后告诉我，她对自己的未来更加清晰了，那种慌乱焦虑的感觉也自然缓解了不少，做选择的时候也坚定了许多。

类似的测试还有盖洛普优势解读，从天赋才干的角度来理

解自己，活出自己。如果你感兴趣，一定要找专业的解读师为你解读，提供如何发挥自己天赋才干的建议，如果只是在网上做一个测试，除了浪费做题的 40 分钟之外，没有太大价值。

另外我还想提醒一点，这些测试的价值是了解自己，发挥优势，而不是为自己设定限制，比如说"我是一个有竞争天赋的人，这些搞人际关系的事情自己真的做不来"，或者"我的天赋在适应上，老老实实做个随遇而安的人就好，别搞什么大动作"。如果是这样，就背离了做测试的初衷。

（三）如何过上真正有意义的生活？

我曾经在社群抛出这样一个问题：你是如何看待"有意义"的？答案五花八门：

"当我老了回顾这一生，感觉自己没有白活。"

"临睡之前回想这一天，感觉很充实。"

"做了一些对社会有价值的事情。"

"我知道自己每天都在忙什么。"

"相信自己的选择，并且实现它。"

看起来"有意义"在每个人的心目中都有不同的含义，但如果我们仔细感受会发现，这些描述都跟"成就"有关。当我们取得一些成就的时候，自然会有种强烈的意义感。

跟价值观和生命热情一样，每个人的成就点也各不相同。

有位妈妈问我："我全职 6 年，白天整理房子、做家务、陪孩子玩，晚上跟先生一起聊聊天，感觉特别开心，这样

会不会有点没志气？"

我问她："你一天之中最有成就感的事情有哪些？"

她说："把家里收拾得窗明几净，随手一拍就是一幅画的时候，我很有成就感；陪孩子捏彩泥，我们俩一起合作捏了一个小作品的时候，我也很有成就感；先生晚上回家，全家人一起吃我做的菜的时候，我也超级有成就感。"

我说："看起来你的成就事件很多啊，为什么还会担心自己没志气呢？"

她说："现在很多人都说女性要经济独立、自信满满，我确实没有自己的收入，也没打算重新回归职场，我觉得现在这样就挺好的，我感觉很困惑，这样每天乐颠颠的，是不是太没有志气了？"

我跟她说："志气不是千篇一律的，如果你觉得每天都过得很有成就感，即使过去10年、20年回过头来看现在的选择，依然觉得很开心，那么这就是你自己有意义、有成就的生活，跟别人的评价无关。"

她听完之后，长长地舒了一口气，说："太好了，原来我不需要为了别人的评价和要求来生活，做自己有'成就感'的事情就好了！"

对于这个妈妈而言，享受生活、陪伴家人就是她的成就感来源。如果你不知道自己的成就感到底源自何方，可以花一个星期的时间，每天记录一下自己当天的成就事件，从这些成就事件中找到共同点，这或许就是你怦然心动的生命意义。

第三节
行动：从现在开始，过怦然心动的人生

寻找生命的热情和意义很重要，但更重要的是：

将生命的意义真正活出来，在"行动"的过程中不断肯定这份生命的意义。

很多妈妈有精力管理的困扰，却在学习精力管理知识之后，感觉精力管理是个大工程，需要拿出专门的时间来执行专项行动计划，一来二去，反而越来越拖延；也有些妈妈觉得自己是三分钟热度星人，根本没办法持续行动；还有些妈妈坚持一段时间之后，发现自己毫无进步，好像一直在低效死循环里打转转。3个关键词帮你突破行动困境：启动、持续、复盘。

（一）启动：一句咒语战胜拖延

有一句话叫作"万事开头难"，于是很多人听到这句话的第一反应就是暗下决心，一定要开好头，这样后面就轻松了。

其实何止是开头难，每个环节都难。我之所以这样说，并不是在传播毒鸡汤，而是想要破除一个"完美开头"的陷阱。

拖延的本质是逃避。如果你一直不开始，没有人可以评价你做得好或者不好，可一旦开始，就无可选择地把自己放在了被评价的境地。无论是自己对自己的审判还是别人对自己的评价，都会让我们担心收到负面信息而忍不住逃开。

如果你可以看到对自己的这份评判，放下它，你会更容易启动。比如说跑 3 000 米很难，但换上跑鞋只需要 2 分钟，就会变得极简单，更容易启动。

其实还有更简单的办法——念咒语。拿我自己举例，每当我忍不住想要拖延和纠结时，就会跟自己说一句话"管他的"。只需要 3 个字，就会为我带来强大的力量。比如说当我担心做了这件事会不会被人评论或者是带来不好影响的时候，我就会暗暗说一句：管他的——反正你不做永远不知道真实的情况会是什么。如果对方真的给了我一个不太正向的评价，甚至否定了我的做法，我也会拿出这句咒语，管他的——反正喜欢我的人多着呢！

很多伙伴在听到我这句咒语之后也把这句话当成激励自己行动的咒语，甚至有个妈妈对我说，现在我简直无所畏惧，不管别人怎么看，反正我要干，管他呢！

也有些伙伴制定了自己的能量咒语——"老子天下最棒"。尽管这句话出自一位女性之口，但这份睥睨全场的气势也会带动自己的能量状态，顺便震慑一下他人。如果再配合着叉腰，简直就是功力加倍。

咒语的力量不仅对大人有效，孩子也可以从中得到力量。

前段时间，我们家小朋友跟其他小朋友玩的时候，想要把他的书拿过来跟其他人一起分享，但是书在车里，需要去车里拿过来。最开始他的反应是眼睛里汪着泪水，问我为什么没有把书拿出来。我说："是你的书，如果你想要拿，就自己去，如果你需要，我可以陪着你一起过去。"或许是想到车还在很远的地方，他一直不肯出发，开始大哭大叫。大概过了10分钟，他感觉自己哭着也挺没意思，情绪开始慢慢平复，我对他说："妈妈教你一句咒语，你可以心想事成，'行动就是力量'，你大声念，然后我们快快行动跑到车里把书拿出来，再快快跑回来，这样你就可以跟其他小朋友分享了。"于是我们家娃立刻收住眼泪，嘴里念念有词：行动就是力量，行动就是力量，一口气跑到车里把书拿出来了。我说："你看，你哭了10分钟，什么都没有发生，只用了3分钟就把书拿回来了，行动是不是一件很神奇的事情呀？"从那以后，我们家小朋友想要什么，会更愿意先动起来，自然也就不会拖延了。

神经语言程式学（简称 NLP）认为，语言和体验能够修正人的神经系统，通过语言来促进行动，就是在大脑中不断写入"行动程序"，自然就可以克服行动障碍了。

当你感觉自己要拖延的时候，就大声说："管他呢！""行动就是力量！""我超棒的！"

当你相信自己并且无所畏惧的时候，你就可以做成一切。

（二）持续：分解任务轻松通关

如果把改变比作开车去目的地，那么启动是给汽车打火，持续行动就是开车持续踩油门的过程。想要实现精力饱满、积极行动的状态，只有持续行动才能到达最终的目的地。

我觉得当妈妈的很神奇的地方在于，一方面，我们很容易被孩子打扰，感觉目标遥遥无期，很是气馁；另一方面，成为母亲之后，我们又会因为孩子激发出自己更多潜能，成为孩子的榜样。于是妈妈们往往处于又丧又燃的状态，气馁着、行动着。

有没有什么办法，能够让我们持续行动的步伐更轻松一些，更稳定一些呢？

分解任务或许是一个选择。

绝大部分时候，一个任务往往是由很多小任务组成的，如果我们能够做好任务的分解，自然可以像玩游戏一样开心轻松地完成计划。

划重点，把做任务当成玩通关游戏，你会不会顿时感觉做起来也没有那么困难了？

人类天生爱玩游戏，因为游戏可以带给我们即时反馈和成就感，更重要的是，游戏是循序渐进的设计。我们可以一关一关地提升技能、积累经验、运用策略，最后实现通关。其实完成任务也是一样，我们可以运用设计游戏的思路去分解任务。这是任务推进卡，也就是把我们的任务分解成一个又一个的关卡，同时还有专门的装备区、奖励区和生命区，让我们的游戏能够更有趣味性。

任务推进卡

终极任务：6 个月减重 10 斤　　　　　最终完成时间：2019 年 8 月 1 日

	任务描述	完成时间
第一关	了解人体减重的原理，研究用哪个软件记录自己的能量摄入和消耗情况	2019 年 2 月 28 日
第二关	选择适合自己的运动，调整饮食结构	2019 年 3 月 15 日
第三关	减掉 6 斤，可能会进入平台期?	2019 年 4 月 30 日
第四关	尝试新的方法度过平台期	2019 年 5 月 30 日
第五关	继续训练和调整饮食，减掉剩下的 4 斤	2019 年 6 月 30 日
第六关	（先空着，万一发生什么其他情况呢）	

装备区（我可以使用哪些资源帮助我）：

1. 减肥公众号上有很多减重成功的案例，可以激励我；

2. 找一个自己喜欢的运动软件跟着练；

3. 用软件记录我的摄入量和消耗量，并且进行分析；

4. 搜一下减重的书单；

5. 考虑找一位私教，带着我减重；

6. 认识一位营养师，可以找她请教；

7. 组一个减重社群，大家相互鼓励减肥

奖励区（完成任务我会给自己什么奖励）	惩罚区（完不成任务我会如何惩罚自己）
一件心仪很久的漂亮裙子，就放在我的购物车里	罚我抱着娃围着操场跑 3 圈

生命（我允许自己失败几次）　　（3 条命，每失败一次就涂黑一个小人）

我们以减重为例讲一下这个表如何使用。

第一步，我们可以在"终极任务"和"最终完成时间"的位置写下自己的目标和设定的时间。我最开始写的是1个月瘦10斤。

第二步，合理分解任务。这需要我们对这件事有基本的认知，了解我们的身体是如何吸收和消耗能量的，如适应期减多少重量，平台期打算如何过渡，度过平台期之后，我们打算再继续减多少，等等。这就是分解任务的过程。

不同阶段的完成时间是必须写的，先不用要求自己写得多么准确，重要的是这个截止时间能够让你有紧迫感，激励自己不断推进任务进度。而且，当我对减重有了基本认知之后，就知道一个月减10斤的想法有些不切实际，甚至会损害健康。于是我调整成6个月减10斤，同时制订了循序渐进的方案计划。

第三步，配置自己的装备。学会借力才更能实现目的，我们要学会搭建自己的通关游戏装备。这里，我主要是从认知信念（找励志故事和读书）、工具（减重软件）、专家（私教和营养师）、环境（找减重社群）几个角度来搭建自己的支持系统。

第四步，设置激励，包括奖励和惩罚。对我来说，惩罚的作用更大一些，因为我真的不想抱着20斤（当时娃2岁）跑1000米；至于漂亮裙子，对我来说也不是那么非要不可，所以激励效应没有那么大。不过有些伙伴恰好相反，激励还能有点动力，要是惩罚就更不想动了，那可以只写奖励，不用写惩罚。

第五步，生命值设定。我在表格里给了3个"复活"的机会，万一第一次没有坚持住，也不用气馁，涂黑一个小人再来一次就行了。毕竟这只是个游戏呀！带着这种轻松的心态，反而更容易持续行动达成目标。

同理，我们还可以制订孩子 3 岁英文启蒙计划。

任务推进卡

终极任务：带娃英文启蒙，一年学会 500 个 单词和基本对话　　　　　　**最终完成时间**：2021 年 4 月 30 日

	任务描述	完成时间
第一关	了解 3 ~ 4 岁孩子的认知、学习发展规律和英文启蒙规划	2020 年 5 月 20 日
第二关	考察市面上的英文启蒙课程和绘本，让孩子分别尝试一下	2020 年 6 月 10 日
第三关	培养孩子对英文的兴趣，自学各种英文儿歌	2020 年 6 月 30 日
第四关	持续使用一套课程和绘本进行英文学习	2020 年 7 月 30 日
第五关	每三个月评估复盘一下成果，看看还有没有什么更好的学习方法	2020 年 10 月 30 日
第六关	继续评估	2020 年 1 月 31 日

装备区（我可以使用哪些资源帮助我）：

1. 市面上讲英语启蒙的书籍，研究一下有效的方法；

2. 找认识的英文启蒙老师请教一下孩子学习的注意事项；

3. 找认识的对孩子教育有经验的妈妈请教一下经验；

4. 报一个我认可、孩子也喜欢的课程；

5. 买一套英文绘本，也可能不止一套，提前预习绘本的内容；

6. 要不要准备速效救心丸……

奖励区（完成任务我会给自己什么奖励）	惩罚区（完不成任务我会如何惩罚自己）
每隔 3 个月，我需要自己出去玩一玩放松一下。	学习是孩子的事，我只负责启蒙和引导，完不成拉倒。

生命值（我允许自己失败几次）

（9 条命，每失败一次就涂黑一个小人）

（三）复盘：跳出低效能死循环

我们刚刚把持续行动比作持续踩油门，那么想要到达最终的目的地，我们还要学会校对方向——复盘。

很多妈妈在找我咨询的时候，说自己好像一直在努力，但一直在原地打转转，没有真正实现自己想要的目标，时间长了就很容易懈怠，更加陷入低效能的死循环。

想要解决这个问题，积累经验复盘是关键。

复盘分 3 步：Preview（推演）——Do（执行）——Fupan（复盘），简称为 PDF。

第一步是推演，也就是在事情开始之前设定目标，预估需要完成的步骤，并且预测可能发生的情况，相当于做一次行动模拟。

第二步是执行，也就是真正开始做这件事情，同时把过程记录下来。

第三步是复盘，也就是当事情结束之后，把结果跟之前预设的目标进行对比，再次模拟事情发生的过程，并且从中找出做得好的方面和还可以提升的地方。

如果把复盘全过程比作拍电影，相当于第一步是先对剧本，想象一下要怎么演；第二步真实演一遍，把全过程拍下来；第三步是把拍好的电影放映出来，大家一起讨论看看哪里可以改进。

通过这样的方式，我们能够更加直观地看到实际过程与目标的差距，具体的细节和原因也一目了然。

有妈妈跟我说,感觉"复盘"是职场精英的专利,离自己的生活太远了。其实复盘就是一个记录、总结进而提升的过程,生活中比比皆是。比如说做饭的时候提前在脑子里过一遍炒菜的步骤,炒完之后发现菜味道不对,回想一下刚刚的操作,回想起来可能是放的盐有点多了,以后再做饭少放点盐。这其实就是一个完整的复盘过程。

不过如果所有事情都专门拿出来复盘的话,就有些过于紧绷了。真正需要我们复盘的,都是那些我们需要重点突破和提升的事项。这样才能把时间、精力的效用发挥到最大化。拿我们刚刚提到的给孩子英文启蒙来举例,我会盘点之前的成果,梳理对的和错的做法,然后找到可以提升的点,制订相应的行动计划。

经验积累卡

时间：2020 年 6 月 30 日

成功：我做到了什么?	失败：我没有做到什么?
读完了一部分英文启蒙的书，还学了一堆英文儿歌，唱得比视频里的老师都起劲。	娃明显不配合啊，我一说英语就哭，说实话，太让人气馁了。好怕没有激发出兴趣，反而打压了孩子的兴趣。

在这个过程中，我做对了什么?

认真学习了各种低幼英文儿歌，虽然跟娃说英语的时候他不配合，至少我唱英文儿歌的时候，他还是愿意跟我哼哼的，而且他对英文动画片还是挺感兴趣的。

我有哪些收获?

给孩子英文启蒙的良好心态是我最大的收获。放松心情，回归初心，多默念自己不着急，兴趣是可以慢慢培养的。以后辅导孩子作业的时候，也要努力拿出这份好心态来。

还有哪里可以提升?

偶尔还是会比较着急，用"打屁股"来"威胁"孩子，这样的方式可能会打压他的兴趣，还是要尽可能多创造体验，让孩子意识到这件事的乐趣从而主动学，而不是因为害怕被动学习。除了英文儿歌和绘本，或许还可以尝试一下英文动画片。

接下来我打算怎么做?

跟着娃一起看英文动画片，学里面的主题曲和台词，平时跟娃做游戏的时候用里面的台词跟娃对话；一边说英语一边做鬼脸，对于他已经掌握的单词可以故意说错让他来纠正，提升他的兴趣。

还有之前提到的减重的计划，我同样做了相应的复盘。

经验积累卡

时间：2019 年 4 月 30 日

成功：我做到了什么？	失败：我没有做到什么？
目前成功减重 8 斤。	其实在减重的过程中，偶尔还是有管不住嘴的情况出现，而且也不是每天都锻炼。

在这个过程中，我做对了什么？

至少达到了我预期的计划，说明我前期学习一些减重的原理还是管用的，效率很高。而且我每天诚实地记录自己的饮食，虽然偶尔没有严格执行计划，但能够做到对自己坦诚就很不错啊。

我有哪些收获？

学到了减肥的原理，而且原来减重这件事真的没有那么困难，真的把计划制订出来认真执行还是有好结果的，以后我遇到其他事情也可以认真制订计划，老老实实按计划执行，相信一定可以的。

还有哪里可以提升？

最近身体感觉有点疲惫，不知道是不是跟瘦太快有关系，正好趁着平台期调整一下状态。另外一定要注意休息，本来摄入量小于消耗量身体就已经在消耗状态了，更要注意休息，尤其是运动之后，早睡早起很重要。

接下来我打算怎么做？

刚好也进入平台期了，干脆延长一下平台期的时间，不要着急跨过去，给身体一个适应的节奏。一个半月之后（6 月 15 日）再调整方法继续减重。

这样一来，我们就能更好地梳理自己的行动并且进行迭代了。

《经验积累卡》和《任务推进卡》就像是我们行动过程中的油门和方向盘，两者相互配合效果翻番，能够让我们持续行动、高效行动，从而过上令人怦然心动的人生。

这两个案例都是我真实做到的，2019年春节之后我和先生打了个赌，一起减肥，于是我们俩设定了目标和任务推进方案，并且还设定了奖惩措施。6个月后，我超额完成任务，8月初减了整整15斤。我们家娃2017年出生，2020年刚好3岁，起初我们学习英语是真的费劲，别说是说单词了，就连我对他说英语他都会哇哇大叫，捂着我的嘴，要我说中文。我从英文动画片入手，激发了他的兴趣，让他觉得会说英语是一件很好玩的事情。中间又经历了一段时间的暂停休整期，到了2021年4月他4岁的时候，他已经可以说很多词语了，甚至偶尔还能蹦出一些句子，对我来说，就已经达到预期目标了。

 亲子时光：如何协助孩子做计划？

我一直觉得最好的教育是你能做到的事，孩子看到就能学会，这就是言传身教的力量。前面提到的工具卡，同样可以协助孩子做计划。同时，我们还可以让计划变得更加有趣。比如说打印出来做成任务卡的形式，邀请孩子抽取自己想要执行的任务。邀请孩子自己设定奖品和惩罚，陪伴孩子一起完成。

花生3岁半的时候，我已经开始有意识地培养他制订计划的习惯。比如说在日常的对话里，我会有意识地使用"首先""然后""接着""最后"这样的描述步骤的词汇，锻炼他的逻辑

顺序感。

同时我会用一些具象化的手段来让孩子看到事情在不断往前推进。比如说我会跟他一起画一份英文学习地图，让他看到自己原来已经像小汽车一样，嘟嘟嘟开过这么多站了。我也会在家里比较明显的位置张贴日程表和习惯打卡图。

这张就是我之前制作的学习计划表。

坦白讲，这个计划表的执行率特别低。毕竟想要每天完成上面罗列的所有事情，必须是我和娃的心情都不错的时候，而且我持续保持耐心——显然是比较困难的，更何况我对于让孩子学习知识和技能其实并没有执念。

学习计划表

科目	内容	时长/分	地点	所需材料	星期一	星期二	星期三	星期四	星期五	星期六	星期日
数学	练习册	15	小桌上，回家之后先完成	练习册	☐☐	☐☐	☐☐	☐☐	☐☐		
英语	英文启蒙课	20	临睡之前	平板充好电	☐	☐	☐	☐	☐		
语文	《三字经》	10	路上	提前背过	☐	☐	☐	☐	☐		
语文	绘本	20	床上	任选	☐	☐	☐	☐	☐		
科学艺术	小实验	40	小桌前	参考网上和绘本，提前做好准备						☐	
探索活动	博物馆、动物园、艺术展	1天	本地为主							☐☐	

这样一张表的价值在于，我们能清晰地看到自己的行动有迹可循，给他培养做计划、完成事情打钩的意识，对于一个 3 岁的娃就足够了。

小练习：生命意图探索

这一章我们一直在探讨如何使用精力、分配精力的问题，其实归根到底就是探索自己到底要过什么样的生活，活出什么样的生命状态。

在这里给大家介绍一个非常有趣的小练习——生命意图探索，可以帮你澄清内在的期待，很多人在做完这个练习之后，简直有一种豁然开朗的感觉——原来我真正想要的是这样的生活！

如果可以，强烈建议你和朋友相互引导完成这样的一个探索。如果你身边或者是线上确实没有这样的朋友可以和你一起完成这个练习，那么自己做也是可以的。如果你想自己探索，请务必找一个不被打扰的时间段，感受自己身体和情绪的信号。这个练习需要 60～120 分钟的时间。

首先，做 3 个深呼吸，让心静下来，完全地放松。练习一共有 3 个部分，每个部分 4 个问题，每个问题对应一个词语，最好是直觉感受到的词语，并且是积极正向的词语，可以把想到的词语都说出来，再选出自己最想要的一个词语。

第一部分：

	问题	我的回答
1.1	你从工作中学到了什么？	
1.2	你从关系中学到了什么？	
1.3	你最想让你的孩子未来更多地体验到什么样的精神呢？	
1.4	感受你的身体，它给你的感受是什么呢？	
1.5	运用上面总结出的 4 个词语，造一个以我开头的句子。	

注：① 尽量少用"希望""想要""期待"等表示未来的词汇，试着多用"我是……"和"我有……"等表达当下自己"已经是"这样的状态，会更有力量。

② 把这个句子大声念 10 遍，如：我是一个认真负责、追求和谐、积极向上、很放松自在的人。

第二部分

	问题	我的回答
2.1	成功教会了你什么？	
2.2	失败教会了你什么？	
2.3	能力和技能教会了你什么？	
2.4	环境教会了你什么？	
2.5	运用上面总结出的 4 个词语，还是造一个以我开头的句子	

同样多用"我是……"这样的开头，写出来，再念 10 遍。

第三部分

> 3.1 在刚刚你找到的 8 个词语中，挑选 3 个最喜欢的词语，以"我"为开头造一个句子，写在下面，并且大声念 10 遍。

> 3.2 在刚刚选出的 3 个词语中，挑选一个你最喜欢最不愿放弃的词语。

> 3.3 闭上眼睛感受一下，想象这个词语的时候，是否有一个画面，出现在脑海里。你看到了什么？在哪里？有谁？听到了什么？在做什么？你感觉如何？

3.4 带着这个词语和画面，去感受 5 年 /10 年 /20 年之后会是什么样。你看到了什么？在哪里？有谁？听到了什么？在做什么？你感觉如何？可以描述成一段话，或者直接画出一些图像。如果你有同伴，画完之后可以跟她描述你这幅图的含义。

后记

写给妈妈们的情书：
相信我，你从来都有选择

　　5年前，我26岁，读博期间怀孕生子。如果穿越回去问当时的我：5年之后自己会过着什么样的生活？作为一个山东姑娘，我的回答大概率会是，白天安稳上班，晚上相夫教子，过着简单怡然的小日子。

　　没想到的是，5年之后，我居然成了一位作家，向无数妈妈提供精力管理的建议，帮助大家过上从容富足的人生。

　　这当中到底发生了什么变化，会改变我的人生？

　　或许是产后的忙乱抑郁；

　　或许是自己穿越抑郁之后想要拉一把曾经跟我一样的人的想法；

　　或许是当我看到更大的世界、更多精彩的女性之后，觉得自己也可以活出更有激情的人生；

或许是诸多变量叠加，最终塑造了现在的我。

无论是什么原因，我相信最重要的是，我有一个无比坚定的信念：

我永远都有选择，我可以为此负责。

当我孕吐不止、身心萎靡的时候，我知道自己可以选择接受现实，或者是抱怨现状，我选择了前者；

当我生娃之后状态极其不稳定，博士论文即将面临交稿和答辩，自己已经没办法拿出 120 分的质量时，我知道自己可以选择完成 80 分，或者延期毕业，我选择了前者；

当我一边工作、一边带娃、一边创业已经忙得脚不沾地，还想要写书的时候，我知道自己可以选择按照自己的节奏一步一步完成，或者直接放弃写书，我选择了前者。

我曾经一度认为，成为妈妈会让我沦落成某某某的母亲，而不是一个完整独立的个体，我必须付出失去自我的代价。但当我重新找回"为选择负责"的信念时，我意识到，成为妈妈并没有损害我的完整人格，反而让我拥有了更加饱满广阔的生命体验。

一旦我做出选择，我就会用尽全力提升能力、寻找资源努力达成目标，我愿意为自己的选择负责，并让它成为正确的选择。

成为妈妈从来不是失去自我，而是重塑自我。

当小小软软的东西依偎在我怀里的时候，

当他奶声奶气叫着"妈妈我爱你"的时候，

当我意识到自己不再是一个人的时候，

当我想要给他更多更好从而激发出无限斗志的时候，

当我看着他重新找回童年或温暖或悲伤的记忆的时候，

我变得更坚强、更勇敢、更温柔。

我把自己的这段经历分享给你，是希望让你看到，我跟你一样，也曾经历过无数的失眠与苦闷，无数的惆怅和不甘。即使如此，我依然愿意主动为自己的人生负责。

无论是作为妈妈，还是家人、职场人、自己，总会有太多人教我们如何做，但如果你不能找回属于自己的力量，那么无论别人说再多都无济于事。生命改变的大门是从内向外打开的，别人再怎么敲，都不可能撼动你一分一毫。我们对于生命的体悟是随着经历不断拓展的。每个人的经历不同、志向不同，生命热情的源泉也各不相同。唯一确定的是，我们的生命意义只能由我们自己来定义，其他人都是"仅供参考"。当你重拾"为选择负责"的勇气，并且不断行动的时候，那么你就能真正开启自己怦然心动的人生。

这本书的主题是精力管理，同时，我希望这不仅仅是一本教你如何做好精力管理的工具书，更是一本写满了"为选择负责"的励志书。

是不停抱怨觉得事事不顺，还是乐观积极感恩生活？

是停留在自己不够满意的现状，还是从此一步一步改变？

是挣扎着抓住一切试图平衡所有，还是明确自己想要什么决定有舍有得？

这些都是你可以做出的选择。

相信我，你从来都有选择。